Los dones del Espíritu Santo en el Nuevo Testamento

Kenneth Cain Kinghorn

INCLUYE UN CUESTIONARIO PERSONAL QUE TE
AYUDARÁ A DESCUBRIR TUS DONES

LOS DONES DEL ESPÍRITU SANTO EN EL NUEVO TESTAMENTO

© 2015 por Kenneth Cain Kinghorn

Publícado en inglés con el título:
The New Testament Gifts of the Holy Spirit
Por Emeth Press
© *2005 por Kenneth Cain Kinghorn*

All rights reserved. No part of this book may be reproduced, or stored in a retrieval system or transmitted in any form or by any means, electronic, mechanical, photocopying, recording, scanning or otherwise, except as permitted by the 1976 United States Copyright Act, or with the prior written permission of Emeth Press. Requests for permission should be addressed to: Emeth Press, P. O. Box 23961, Lexington, KY 40523-3961.http://www.emethpress.com.

Traducción y Edición: Gisela Sawin Group

Reservados todos los derechos. A menos que se indique lo contrario, el texto bíblico se tomó de la Santa Biblia Nueva Versión Internactional. © 1999 por la Sociedad Bíblica Internacional.

ISBN-978-1-60947-088-3

Categoría: Teología cristiana / Neumatología

Impreso en Estadox Unidos de América
Printed in the United States of America

Contenido

Prefacio 5

1. Atreverse a soñar 9

2. Disipar la neblina 21

3. Detectar el tesoro 29

4. Discernir las distinciones 75

5. Dirigir el enfoque 85

6. Descubrir el premio 101

Prefacio

Antes de que Jesucristo ascendiera al cielo, hizo una promesa a sus discípulos, y les dejó un legado y una misión.

Su promesa fue: «No los voy a dejar huérfanos».[1] Se comprometió: «Le pediré al Padre, y él les dará otro Consolador para que los acompañe siempre».[2] Les garantizó: «Les aseguro que estaré con ustedes siempre, hasta el fin del mundo».[3] Estas declaraciones de su presencia continua en el mundo se aplican tanto a los cristianos de la actualidad como a los seguidores del Señor del siglo I.

Jesús también les dejó un legado a sus discípulos: Vida abundante. Él dijo que vino para que ellos «tengan vida, y la tengan en abundancia».[4] San Pablo oró porque los seguidores cristianos «puedan comprender, junto con todos los santos, cuán ancho y largo, alto y profundo es el amor de Cristo, que conozcan ese amor que sobrepasa nuestro conocimiento, para que sean llenos de la plenitud de Dios».[5] Este legado incomparable incluyó estas palabras de Jesús: «Ciertamente les aseguro que el que cree en mí las obras que yo hago también él las hará, y aun las hará mayores».[6] Dios nos creó a su imagen y semejanza, y él tiene la intención de que logremos

---

1. Juan 14:18
2. Juan 14:16
3. Mateo 28:20
4. Juan 10:10
5. Efesios 3:18-20
6. Juan 14:12

grandeza. No una grandeza secular como la estima el mundo, sino una grandeza verdadera como la revela la Biblia.

Cristo también les dio a sus seguidores una misión.[7] Esta consiste en reflejar su gloria y en convertirse en la sal, la luz y la levadura en nuestro mundo caído. Dios quiere que los seguidores de Cristo cumplan la misión que él les dio, mientras los provee de la sabiduría y el poder adecuados. De muchas maneras, el adagio se cumple en cuanto a que la iglesia es una extensión de la encarnación de Cristo en la tierra. En suma, Dios les dio a todos los discípulos cristianos la promesa de su presencia continua, el legado de la vida abundante y la misión de servirlo a través del poder que él provee. La promesa, el legado y la misión de Dios para los seguidores de Cristo proporcionan la base para comprender y usar los dones del Espíritu Santo.[8]

Este libro tiene dos objetivos: resumir la enseñanza del Nuevo Testamento sobre los dones espirituales y ayudarlo a descubrir los suyos. El capítulo uno aclara y despeja los pedregones y obstáculos del campo. El dos identifica los dones espirituales y el tres los define. El capítulo cuatro trata con las preguntas que hacen los cristianos acerca de aquéllos. El cinco proporciona pautas bíblicas para usarlos. Finalmente, el último capítulo ofrece una forma práctica de conocer sus dones espirituales.

El estudio bíblico del Nuevo Testamento, acerca de los dones del Espíritu Santo, busca unir a los cristianos, no separarlos;

---

7. Mateo 28:19
8. Hechos 1:4

aumentar nuestra dependencia con Cristo, no disminuirla; alentar una mayor diversidad entre los cristianos, no mayor igualdad; y perseguir la humildad, no el orgullo. En estas páginas mi intención es apegarme cautelosamente a la enseñanza del Nuevo Testamento sobre los dones espirituales. Este libro lo ayudará a comprender, descubrir y usar los suyos. Al hacerlo, podrá glorificar a Dios en todo lo que haga, llegar a su pleno potencial y recibir recompensas eternas para una vida bien aprovechada.

—**Kenneth Cain Kinghorn**
Seminario Teológico Asbury

1

Atreverse a soñar

Necesitamos el poder de Dios en nuestras vidas tanto como las computadoras necesitan corriente eléctrica o los motores, combustible. Es cierto, Dios nos creó a su imagen y semejanza, y nuestro potencial humano es increíble.[1] Sin embargo, Dios no nos hizo para vivir apartados de él. Jesús nos comparó con los pámpanos de la vid. Él dijo: «Así como ninguna rama puede dar fruto por sí misma, sino que tiene que permanecer en la vid, así tampoco ustedes pueden dar fruto si no permanecen en mí».[2] Si bien los pámpanos solos carecen del poder en sí mismos para producir frutos, cuando están en la vid pueden bendecir al mundo. Nosotros también podemos hacerlo, pero solo mientras el poder de Dios fluya a través de nuestras vidas. Comparados con Dios, somos tan ignorantes como postes de luz y tan desvalidos como bebés. Para ser eficaces necesitamos el poder de Dios. Una de las formas importantes en que obra en nosotros es por medio de los dones del Espíritu Santo. Ellos nos habilitan a serlo cada vez más cuando nos atrevemos a soñar. Sin la obra de Dios en nuestras vidas, contamos con una sabiduría limitada y pocas capacidades. Para estar seguros, los talentos

---

1. Génesis 1:27-28
2. Juan 15:4-7

naturales a veces pueden conducir a notables logros. ¿Quién puede negar el genio humano que vemos en las pirámides de Egipto, la Enciclopedia Británica, los relojes suizos del siglo XIX y los viajes espaciales de la NASA? Estos y miles de otros logros sobresalen como triunfos humanos impresionantes. Sin embargo, finalmente, todos nuestros éxitos perecerán en la tierra. Solo las obras facultadas por el Espíritu para Dios continuarán hasta el infinito. Dios tiene un plan divino para cada uno de nosotros que incluye resultados y recompensas eternas. Gran parte de él requiere conocer y usar nuestros dones espirituales.

Un día, todos daremos cuenta a Dios de la administración que él ha encomendado a cada uno de nosotros. Aunque no nos ganemos el cielo por las buenas obras, recibiremos recompensas que durarán por siempre por el servicio fiel. Las Escrituras dicen: «Porque es necesario que todos comparezcamos ante el tribunal de Cristo, para que cada uno reciba lo que le corresponda, según lo bueno o malo que haya hecho mientras vivió en el cuerpo».[3] Comenzando de inmediato, sean sabios para que «acumulen para sí tesoros en el cielo, donde ni la polilla ni el óxido carcomen, ni los ladrones se meten a robar».[4] Jesús prometió que él «ha de venir en la gloria de su Padre con sus ángeles, y entonces recompensará a cada persona según lo que haya hecho».[5]

Si todos los seguidores de Cristo descubrieran sus dones espirituales, los desarrollaran y los utilizaran, como hicieron

---

3. 2 Corintios 5:10
4. Mateo 6:20
5. Mateo 16:27

los cristianos en el libro de Hechos, que «han trastornado el mundo entero»[6], actualmente seguirían haciéndolo. Viviendo como quiere Dios que lo hagamos, encontramos gozo y satisfacción en nuestras vidas cotidianas. Jesús prometió darnos una vida en abundancia,[7] y los dones del Espíritu Santo forman parte de este plan.[8] Dios quiere que nos lancemos cada nuevo día con anticipación, esperanza y confianza de que él está obrando en nosotros y a través de nosotros para marcar una diferencia que dure para siempre. Sin embargo, millones de cristianos permanecen sin darse cuenta de sus dones espirituales. Todavía no han aprovechado los enormes tesoros que Dios tiene para ellos. Al final de tales vidas medio vacías, las personas solo pueden mirar hacia atrás lamentándose. Se darán cuenta de que han dedicado su tiempo y su energía a asuntos de poco valor. El discipulado tibio hace que gran parte de la obra cristiana quede incompleta. Los cristianos medio llenos parecen desvalidos para revertir el problema sentimental que no ha sido dicho y que cubre la tierra. Hoy día, los observadores preocupados de la cultura moderna ven con alarma el galope descuidado hacia Armagedón.

La culpa no reside en la falta del poder de Dios para permitir que sus siervos dirijan el mundo hacia el rumbo correcto. Dios nos proporciona increíbles dotaciones de poder y autoridad para el ministerio y el servicio. Sin embargo, los cristianos descuidados no logran comprender ni usar los dones maravillosos de Dios. Dicho bruscamente, alguien que

---

6. Hechos 17:6
7. Juan 10:10
8. Hebreos 2:4; 1 Pedro 4:10

profesa seguir la aflicción de Cristo, resiste, ignora y apaga al Espíritu Santo.[9]

Los dones de Dios son demasiado valiosos como para ignorarlos, dejarlos de lado o desperdiciarlos. San Pablo nos recuerda que los cristianos son templos del Espíritu Santo, quien nos faculta para glorificar a Dios en nuestros cuerpos.[10] Usando una analogía de Jesús, algunos cristianos han permitido que la tierra poco profunda y la mala hierba cubran la buena semilla de la palabra de Dios en sus vidas.[11] Si anteriormente daban frutos, su entusiasmo ahora parece agotado. La receta bíblica para corregir una vida perezosa es «que avives el fuego del don de Dios que está en ti por la imposición de mis manos. Porque no nos ha dado Dios espíritu de cobardía, sino de poder, de amor y de dominio propio».[12]

Si uno planea construir una casa en un terreno vacío, es necesario quitar los tocones de los árboles, dinamitar el canto rodado y aplanar el ripio. A veces, las obras de construcción necesitan usar ligeramente un rastrillo, y otras, se benefician con una pesada nivelación. Además, antes de edificar una casa es necesario medir con precisión el terreno, tender una base sólida y comprender cómo usar mejor las herramientas y los materiales. Si la construcción de una casa requiere conocimiento y planificación, la de una vida, también.

Por lo menos, tres obstáculos —que roban el gozo, matan los frutos e inducen al lamento— pueden estorbar el

---

9. Efesios 4:30; 1 Tesalonicenses 5:19
10. 1 Corintios 6:19-20
11. Mateo 13:24-30
12. 2 Timoteo 1:6-7

descubrimiento y el uso de los dones espirituales que Dios nos ha dado. Pero podemos limpiar el suelo, obtener una visión de algo mejor y atrevernos a soñar con una vida fructífera y gratificante.

Falta de conocimiento

La primera piedra que debemos quitar es la ignorancia y la falta de comprensión. Una antigua leyenda cuenta la historia de un mendigo hambriento que detectó una caravana conducida por un rico mercader y le pidió arroz. «Debo comer arroz o moriré, y mi familia también», gimió. Conmovido por la lástima, el comerciante preguntó: «¿Cuánto necesitas? Te daré todo el arroz que quieras para ti y para tu familia». El mendigo pidió cien granos de arroz, que el amable benefactor le dio alegremente. Luego de que partió la caravana del mercader, los amigos del mendigo dijeron: «¿Por qué pides solo cien granos? ¡Casi no podemos creer que hayas pedido tan poco! El hombre te ofreció darte todo el arroz que pidieras». El sorprendido mendigo contestó: «Díganme, hay un número mayor a cien?».

Muchos cristianos parecen desinformados acerca del vasto poder, del plan y las provisiones de Dios. Su ignorancia de los dones espirituales les impide vivir y usar estos beneficios inestimables. Si alguien en alguna selva remota no conoce el significado del alfabeto, esa persona no puede imaginar la existencia de libros, los deleites de leer y el estremecimiento de descubrir más conocimientos. Si no sabemos sobre los dones espirituales, sufrimos una enorme discapacidad. San Pablo escribió: «En cuanto a los dones espirituales, hermanos, quiero que entiendan bien este asunto (...) Ahora bien, hay diversos dones, pero un mismo Espíritu. Hay diversas maneras de servir, pero un mismo Señor. Hay diversas funciones, pero es un mismo Dios el que hace todas las cosas en todos».[13]

Es posible que no seamos conscientes de nuestros talentos naturales ni de nuestros dones espirituales. Algunos pueden tener habilidad para la carpintería, la horticultura, la poesía, la mecánica, el paisajismo, el arte o la música. Sin embargo, a veces, permanecen sin darse cuenta de que estas capacidades promisorias están latentes dentro de ellos. No pueden nunca imaginarse construyendo una casa, armando un jardín, escribiendo un poema, creando con sus manos, pintando un cuadro o aprendiendo a cantar o a tocar un instrumento musical. Viven sus vidas sin descubrir la belleza que podrían crear, los beneficios que podrían dar, el gozo que podrían experimentar. Si este hecho es cierto en el reino natural, también lo es en el reino espiritual.

Si un contratista ignorara la electricidad, no conocería sus posibilidades. Probablemente, no podría pensar más allá de sus herramientas manuales. Si un panadero no supiera nada sobre la levadura o la sal, sus capacidades para hacer pan se verían seriamente afectadas. San Pablo dijo que «a causa de la ignorancia que los domina y por la dureza de su corazón, estos tienen oscurecido el entendimiento y están alejados de la vida que proviene de Dios».[14] Muchas personas saben poco sobre sus dones espirituales, y ello les impide experimentarlos.

---

13. 1 Corintios 12:1,4-7
14. Efesios 4:18

La falta de conocimiento establece una niebla densa que oscurece nuestra visión.

Felizmente, no necesitamos vivir en ignorancia. El libro de Proverbios anuncia con trompetas una de las promesas más conmovedoras de Dios: «Si llamas a la inteligencia y pides discernimiento; si la buscas como a la plata, como a un tesoro escondido, entonces comprenderás el temor del Señor y hallarás el conocimiento de Dios. Porque el Señor da la sabiduría; conocimiento y ciencia brotan de sus labios».[15] Jesús dijo que si tenemos un apetito sincero por la verdad espiritual, él nos la entregará.[16] En todos los casos de la Biblia en que alguien le pidió a Dios comprensión, él la proveyó. Nuestro Creador divino se deleita al revelarse a sí mismo, a su verdad y a sus dones. Él no está alejado, y nuestra búsqueda siempre conduce a encontrarlo.

Jesús prometió: «Pidan, y se les dará; busquen, y encontrarán; llamen, y se les abrirá. Porque todo el que pide, recibe; el que busca, encuentra; y al que llama, se le abre».[17] Jesús también nos aseguró que cuando conozcamos la verdad, esta nos hará libres.[18] Comprender y usar nuestros dones espirituales son partes importantes de convertirnos en lo que Dios espera que seamos y hagamos. Con la ayuda de Dios, podemos pasar de la ignorancia a la comprensión.

---

15. Proverbios 2:3-6
16. Juan 7:17
17. Mateo 7:7-8
18. Juan 8:32

Ignorancia de las leyes y los mandamientos de Dios

Un segundo obstáculo que bloquea nuestro progreso espiritual es la ignorancia voluntaria de Dios y de su verdad. La voluntad propia se compara con un tocón de árbol testarudo que impide que un constructor vierta un cimiento. Jesús pronunció un juicio sobre los que a sabiendas se cierran a la verdad y dilapidan su administración.[19] Él declaró: «Esta es la causa de la condenación: que la luz vino al mundo, pero la *humanidad prefirió las tinieblas a la luz, porque sus hechos eran perversos».[20] Dicho simplemente, algunas personas prefieren la oscuridad a la luz espiritual porque quieren seguir sus propias formas más que la manera de Dios. Ese fue el error más grande de Adán y Eva; en efecto, colocar el yo en primer lugar es la raíz de todo pecado. Ellos perdieron la comunión que tenían con Dios, por haberlo desobedecido, haciendo su propia voluntad, y el virus de la corrupción espiritual se abrió camino al mundo recién creado por Dios. Puesto que se volvieron temerosos, «corrieron a esconderse entre los árboles, para que Dios no los viera».[21]

No podemos construir una casa, si ignoramos o desobedecemos las leyes de la física, la química o la matemática. Sería tonto que un contratista esperara que la gasolina funcionara en un tractor *diésel*, que usara azúcar para unir el cemento o que creara casas sin cimientos para que quedaran de pie en un pantano. Es igualmente imprudente creer que podemos

---
19. Lucas 12:48
20. Juan 3:19
21. Génesis 3:8

satisfacer el propósito de Dios para nuestras vidas si, a sabiendas, ignoramos sus leyes y sus promesas. San Pablo escribió acerca de aquellos que «tienen oscurecido el entendimiento (...) a causa de la ignorancia que los domina y por la dureza de su corazón».[22] San Agustín (354-430) dijo: «El pecado es aplicar nuestra energía en la dirección equivocada».

Jesús anunció: «Yo soy la luz del mundo. El que me sigue no andará en tinieblas, sino que tendrá la luz de la vida».[23] Jesús también enseñó un principio perdurable: «Por tanto, todo el que me oye estas palabras y las pone en práctica es como un hombre prudente que construyó su casa sobre la roca».[24] Dilapidamos una vida satisfactoria y gratificaciones eternas cuando desobedecemos a sabiendas a Dios, ignorando deliberadamente su voluntad. Nuestro Creador nos hizo para algo mejor que colocarnos a nosotros primero. ¡Soñemos los sueños de Dios!

Una vida indisciplinada

Un tercer obstáculo para el avance espiritual es la pereza. Los hábitos holgazanes avanzan lentamente como zarzas que se interponen en el camino cuando queremos construir una casa. El libro de Eclesiastés dice: «Por causa del ocio se viene abajo el techo, y por la pereza se desploma la casa».[25] Aquellos que quieren construir una casa deben salir de la cama, apagar la televisión y ponerse a trabajar. Deben aparecer periódicamente

---

22. Efesios 4:18
23. Juan 8:12
24. Mateo 7:24
25. Eclesiastés 10:18

en la obra, mantener sus herramientas en buen estado, seguir el anteproyecto y comprometerse a un trabajo de calidad. Los que se rinden ante distracciones permiten que sus herramientas se oxiden, o los que trabajan descuidadamente no pueden esperar construir una buena casa.

Los cristianos también deben disciplinarse en el uso fiel de sus dones espirituales. San Pablo alentaba a Timoteo: «Esfuérzate por presentarte a Dios aprobado, como obrero que no tiene de qué avergonzarse y que interpreta rectamente la palabra de verdad».[26] Si no se los usa, nuestros dones espirituales permanecen latentes. Si fuéramos a almacenar una bellota en un jarro de vidrio, la bellota no se convertiría en un árbol de roble. La bellota tiene todo el potencial de alcanzar su promesa, pero a no ser que halle su hogar en la buena tierra de Dios, nunca florecerá.

Independientemente de cuáles sean sus dones espirituales, ellos solo florecerán cuando los descubra y los use. El autor de Hebreos nos alienta: «No sean perezosos; más bien, imiten a quienes por su fe y paciencia heredan las promesas».[27]

La pereza es fácil, por eso es tan común. Sin embargo, pocos emprendimientos traen tanta satisfacción como una vida disciplinada. En el año 431 a.C., el filósofo Eurípides dijo: «No consideren penoso lo que es bueno para vosotros». Tratando el tema de los dones espirituales, Pedro dijo: «Cada uno ponga al servicio de los demás el don que haya recibido, administrando fielmente la gracia de Dios en sus

---

26. 2 Timoteo 2:15
27. Hebreos 6:12

diversas formas».²⁸ Las Escrituras enseñan con claridad: «A los que reciben un encargo se les exige que demuestren ser dignos de confianza».²⁹ Los administradores fieles son constructores exitosos.

El poeta Henry Waswsorth Longfellow (1807-1882) nos recordó:

> ¡La vida es real! La vida es algo serio;
> Y la tumba no es su meta;
> "Eres polvo y al polvo volveréis"
> no es algo que se le dijo al alma.³⁰

Somos ciudadanos de la eternidad, y hay muchas posibilidades de quedar en algo menos que en lo mejor de Dios. Parte de su plan para nosotros incluye hacer lo máximo con nuestros dones espirituales.

Para guiarnos en su camino, Dios nos ayuda a vencer los escollos ocultos de la ignorancia, la negación voluntaria y la indisciplina. Las Escrituras nos invitan a abrazar la sabiduría, la energía y el propósito de Dios. Su plan es bueno y conduce a un futuro más hermoso que los sueños.

---

28. 1 Pedro 4:10
29. 1 Corintios 4:2
30. Henry Wasworth Longfellow, A Psalm of Life, The Complete Poetical Works of Henry Wasworth Longfellow, [Las obras poéticas completas de Henry Wasworth Longfellow], Boston y Nueva York, Houghton, Mifflin & Company, 1902, p.3.

2

Disipar la neblina

El Nuevo Testamento no nos proporciona definiciones de diccionario sobre los dones del Espíritu. En cuanto a eso, la Biblia no contiene disertaciones formales sobre otras doctrinas importantes, tales como la Trinidad, el bautismo, la expiación y la santificación. Sin embargo, las Escrituras enseñan claramente estos temas y nos brindan una información satisfactoria sobre ellos. Dicho en forma simple, la Biblia no es un catecismo ni un tratado doctrinario. En cambio, cuenta la historia de los actos de Dios y concluye con la llegada de Jesucristo y su obra redentora.

Aunque las Escrituras no contienen una disertación académica sobre los dones espirituales, revelan mucho acerca de ellos. El Nuevo Testamento los enumera y los muestra en hábitat históricos. El libro de los Hechos, por ejemplo, está lleno de casos de personas que los usan. También, los apóstoles Pablo, Pedro y otros autores del Nuevo Testamento revelan información importante sobre el tema.

La palabra usada con mayor frecuencia en el Nuevo Testamento para el don espiritual es *charisma*. La forma plural de la palabra es *charismata*.[1] *Charisma* proviene de la palabra

---

[1]. Romanos 12:6; 1 Corintios 1:7; 12:4, 9, 28, 30, 31; 1 Timoteo 4:14; 2 Timoteo 1:6; 1 Pedro 4:10

griega *charis,* que significa «gracia», «benevolencia», «favor» o «bondad de amor». Así que un don espiritual es un favor o beneficio que uno recibe aparte del mérito humano: Un «don de gracia». Los dones espirituales son capacidades otorgadas por Dios, que imparte el Espíritu Santo a los cristianos para el servicio a Cristo y a los demás. Estos *charismata* les permiten a los cristianos ministrar de formas extraordinarias, más allá de sus capacidades naturales y de los talentos humanos.

Podemos entender mejor los dones espirituales comprendiendo tres principios.

- Los dones espirituales provienen del Espíritu Santo; no de la iglesia, de nuestro pastor, nuestros padres o nuestra determinación personal.
  Pero todas estas cosas (dones espirituales) las hace uno y el mismo Espíritu, repartiendo a cada uno en particular como él quiere.[2]
- Los dones espirituales son capacidades otorgadas por Dios que nos permiten hacer más de lo que permitirían nuestras dotes naturales.
  Pero cuando venga el Espíritu Santo sobre ustedes, recibirán poder y serán mis testigos.[3]
- Los dones espirituales conllevan responsabilidades por las cuales Dios espera que seamos fieles.
  Es necesario que todos comparezcamos ante el tribunal de Cristo.[4]

---

2. 1 Corintios 12:11 – RVR 1960
3. Hechos 1:8
4. 2 Corintios 5:10

El Nuevo Testamento cataloga veinte dones espirituales, y San Pablo los presenta en cuatro listas. Los cristianos, a veces, discuten si este registro es completo o si sugiere otros. ¿Podemos —o debemos— agregar otros dones espirituales a estas listas? Puede haber otros que no sean los que se enumeran en el Nuevo Testamento, pero sus autores no los registran. Es cierto que las Escrituras hablan de acciones tales como la hospitalidad, el canto y la defensa de la fe contra falsos maestros. Sin embargo, estas buenas obras no son dones espirituales, sino *ministerios* que dependen de aquéllos.

El Nuevo Testamento también habla de martirio, celibato permanente, sufrimiento y persecución. Estos estados del ser, sin embargo, no califican como dones espirituales, si bien se requieren *gracias* especiales para tratar con los desafíos y situaciones que se nos presentan.

San Pablo escribe sobre los dones espirituales, en 1 Corintios: «Ahora bien, hay diversos dones, pero un mismo Espíritu. Hay diversas maneras de servir, pero un mismo Señor. Hay diversas funciones, pero es un mismo Dios el que hace todas las cosas en todos».[5]

Advierta que el apóstol usa tres sustantivos: variedades de **dones**, variedades de **ministerios** y variedades de **efectos**. Podemos inferir que los *dones* fluyen a través de los *ministerios*, conduciendo a *efectos* (o *resultados*).

No debemos *añadir* dones espirituales a las listas del Nuevo Testamento sin el respaldo bíblico para hacerlo. Tampoco, *borrar* los que allí están registrados. La fidelidad al Nuevo

---

5. 1 Corintios 12:4-6

Testamento es fundamental para no adivinar ni especular. Siempre, la Biblia será nuestra fuente final de verdad religiosa.

Durante siglos, el pueblo de Dios ha confesado que la palabra de Dios es «lámpara a mis pies» y «luz en mi sendero».[6] Los cristianos oran: «La exposición de tus palabras nos da luz, y da entendimiento al sencillo».[7] Lucas escribió sobre los cristianos en Berea: «Estos eran de sentimientos más nobles que los de Tesalónica, de modo que recibieron el mensaje con toda avidez y todos los días examinaban las Escrituras para ver si era verdad lo que se les anunciaba. Muchos de los judíos creyeron, y también un buen número de griegos, incluso, mujeres distinguidas y no pocos hombres».[8] Los juicios finales deben concordar con las Escrituras.

San Pablo escribió a los corintios del siglo I y citó la revelación de Dios, en el libro de Isaías: «Destruiré la sabiduría de los sabios; frustraré la inteligencia de los inteligentes».[9] «Esto es precisamente de lo que hablamos, no con las palabras que enseña la sabiduría humana sino con las que enseña el Espíritu, de modo que expresamos verdades espirituales en términos espirituales».[10] John Wesley declaró: «Soy un fanático de la Biblia. La sigo en todas las cosas, grandes y pequeñas».[11] La reverencia de Wesley por la Biblia es un eco de todo credo protestante, que contiene artículos que afirman la autoridad final de las Escrituras.

---

6. Salmo 119:105
7. Salmo 119:130
8. Hechos 17:11-12
9. 1 Corintios 1:19, donde Pablo incluye Isaías 29:14
10. 1 Corintios 2:13
11. John Wesley, *Journal*, [Diario], 2 de junio de 1766

Podemos identificar con confianza veinte dones espirituales —porque el Nuevo Testamento los enumera específicamente— que abarcan toda la gama de los ministerios cristianos. Y si centramos nuestro estudio en ellos, tendremos una base bíblica sólida.

A diferencia de Pablo, el apóstol Pedro no da listas; nos alienta a glorificar a Dios usando fielmente los dones espirituales que él nos dio:

«Cada uno ponga al servicio de los demás el don que haya recibido, administrando fielmente la gracia de Dios en sus diversas formas. El que habla, hágalo como quien expresa las palabras mismas de Dios; el que presta algún servicio, hágalo como quien tiene el poder de Dios. Así Dios será en todo alabado por medio de Jesucristo».[12]

En lugar de catalogar los dones espirituales, Pedro prefirió escribir sobre dos *categorías* de dones: Los dones del *habla* y los dones de la *acción*. Algunos dones orales —tal como enseñar— usan palabras. Los dones prácticos —como la administración— implican acción. Por supuesto, el maestro debe servir y el administrador debe hablar. Sin embargo, como sugiere Pedro, algunos dones principalmente involucran palabras y otros requieren, básicamente, obras.

El libro de Hebreos también se ocupa de los dones espirituales, pero sin enumerarlos específicamente, como lo hace San Pablo. El autor los menciona entre las pruebas de que

---

12. 1 Pedro 4:10-11

Dios es activo en el mundo: «Dios ratificó su testimonio acerca de ella con señales, prodigios, diversos milagros y dones distribuidos por el Espíritu Santo según su voluntad».[13] Cualquier don que Dios nos dé al usarlo Dios es glorificado en todas las cosas a través de Cristo Jesús».

El siguiente cuadro contiene los dones espirituales enumerados en los cuatro principales pasajes del Nuevo Testamento de San Pablo que tratan este tema. Hay otros lugares más en la Biblia que se refieren a ellos, pero en cada caso hablan de los dones enumerados en el cuadro que mencionamos a continuación:

Romanos 12:6-8	1 Corintios 12:4-11	1 Corintios 12:28-30	Efesios 4:11
Profecía Enseñanza Servir Exhortación Dar Prestar ayuda Compasión	Profecía	Profecía Enseñanza	Profecía Enseñanza
	Sanidad Obrar milagros Lenguas Interpretación de lenguas Palabra de sabiduría Palabra de conocimiento Fe Discernimiento	Sanidad Obrar milagros Lenguas Interpretación de lenguas	
		Apostolado Ayuda Administración	Apostolado Evangelismo Pastoreo

---

13. Hebreos 2:4

El próximo capítulo define en detalle cada uno de los veinte dones del Espíritu Santo que figuran en el Nuevo Testamento. Al estudiarlos, comprenderá la variedad de *charismata* que Dios le ha dado a la iglesia para nuestro bien común. Al hacerlo, podrá mejorar la calidad de su vida, aunque no tenga ciertos dones como el de dar, el de compasión o el de enseñar; y, sin embargo, el estudiarlos puede desarrollar en usted las cualidades de ser generoso, de ocuparse, de compartir y de atreverse a vivir. Dios puede profundizar y ampliar su vida con algunas de las cualidades de los dones que usted no tiene. Además, podrá reconocerlos mejor en los demás y afirmarlos en sus ministerios.

También hallará que uno o más de los dones espirituales resonarán profundamente dentro de usted. El Espíritu Santo está ayudándolo a descubrir aquéllos que él le ha dado. Preste atención a su voz interior. Probablemente el Espíritu Santo le esté hablando para que pueda identificar sus dones espirituales. Dios lo ha cuidado desde que nació y quiere mostrarle los *charismata* que le ha dado.

Un poeta anónimo escribió estos versos alentadores:

El que se acerca a Dios un paso,
Sin oscuridad de dudas,
Dios avanzará un kilómetro
En resplandeciente luz para él.

El Espíritu Santo esclarece nuestra comprensión de las Escrituras. Mientras que sus verdades se arraigan en nuestras vidas, descubrimos que Dios nos está conduciendo a la ardiente luz de un futuro más brillante que el sol del mediodía.

3

Detectar el tesoro

Para definir los dones espirituales no nos confiaremos del todo en el sentido actual de las palabras. Nuestros diccionarios no siempre reflejan los significados bíblicos y teológicos de los términos. El estudio de cualquier tema bíblico requiere el método correcto. Este capítulo se basa en cuatro principios de interpretación bíblica.

- El significado de las palabras originales del Nuevo Testamento utilizadas para los dones espirituales.
- El uso de los dones espirituales en la iglesia del Nuevo Testamento.
- Los discernimientos de los mejores pensadores de la tradición cristiana.
- El razonamiento y las experiencias de cristianos llenos del Espíritu.

Este capítulo define a los *charismata* sobre la base de estas pruebas clásicas de verdad cristiana. Definiremos los dones espirituales en el orden en que aparecen en la página 26.

Profecía

Aplicar la revelación bíblica con claridad y poder, como luz y verdad para el presente.[1]

La palabra griega *propheteia* significa «hablar», «hablar abiertamente», «anunciar» o «dar a conocer». Principalmente, esta palabra del Nuevo Testamento se refiere a proclamar la mentalidad y el consejo del Señor. Los profetas del Antiguo Testamento, en su mayoría, declararon la promesa de Dios, el propósito de salvación, y la futura llegada de su Mesías y su reino. La profecía del Nuevo Testamento se concentró en la importancia de la plenitud divina de Jesucristo. Pablo subrayó esta verdad: «Porque ante todo les transmití a ustedes lo que yo mismo recibí: que Cristo murió por nuestros pecados según las Escrituras, que fue sepultado, que resucitó al tercer día según las Escrituras».[2]

El apóstol Pedro describe este don espiritual como «hablar los oráculos de Dios». El don de la profecía no proviene de orígenes ni de autoridad humanos, sino de Dios. El profeta Jeremías escribió: «Luego extendió el Señor la mano y, tocándome la boca, me dijo: "He puesto en tu boca mis palabras"».[3]

En nuestros tiempos, el principal propósito de este don no es la predicción, sino la declaración; no es anunciar, sino decir. El Nuevo Testamento sí contiene unos pocos casos de anuncios proféticos. San Pablo, por ejemplo, anunció un naufragio, en el que todos sobrevivirían.[4] Sin embargo, el don

---

1. Romanos 12:6; 1 Corintios 12:10; Efesios 4:11
2. 1 Corintios 15:3-4
3. Jeremías 1:9
4. Hechos 27:10, 21-22

DETECTAR EL TESORO

de la profecía se refiere principalmente a declarar las verdades de Dios a personas y en lugares específicos. Podemos definir el don de la profecía como permitirle a uno comprender la palabra de Dios y aplicarla efectivamente con profundidad y poder extraordinarios. Dios usa el don de la profecía para enseñar, edificarlos, animarlos y consolar.[5]

El Nuevo Testamento advierte acerca de los falsos profetas (*pseudoprohetes*), que vienen vestidos de ovejas, pero que interiormente son «lobos feroces».[6] Jesús dijo: «Surgirá un gran número de falsos profetas que engañarán a muchos».[7] Las Escrituras hablan de tres tipos: (1) Los que sirven a los ídolos y adoran a dioses apócrifos. (2) Los que sostienen falsamente recibir mensajes y revelaciones de Dios. (3) Los ex profetas que se descarriaron de Dios y ya no lo obedecen ni lo sirven.

Podemos conocer a los falsos profetas por su mal fruto o su falta de buenos frutos. Si un ministerio no glorifica a Cristo y aleja a la gente de él, ese ministerio es falso. Puede que parezca que algunos de ellos realizan grandes señales y maravillas.[8] Gozan de una popularidad transitoria, puesto que su mensaje halaga y brinda promesas superficiales. Sin embargo, el juicio de Dios sobre los falsos profetas es severo.[9] Juan el apóstol advirtió: «Queridos hermanos, no crean a cualquiera que pretenda estar inspirado por el Espíritu, sino sométanlo a prueba para ver si es de Dios, porque han salido por el

---

5. 1 Corintios 14:3
6. Mateo 7:15
7. Mateo 24:11
8. Mateo 24:24
9. Deuteronomio 13:1-18

mundo muchos falsos profetas».[10] Debemos probar todas las declaraciones religiosas usando la Biblia.

El apóstol Pablo clasifica el don de la profecía entre los dones más importantes de la iglesia.[11] Él instó a sus conversos a que «no apaguen el Espíritu», a que «no desprecien las profecías» y a que se aferren a lo bueno y eviten toda clase de mal»; además, les dijo: «siempre sométanlo todo a prueba».[12]

A veces, el don de la profecía lo conduce a uno a corregir a la Iglesia para devolverla a su naturaleza y a su misión. Sin embargo, principalmente, la profecía declara las buenas nuevas de la Palabra de Dios al mundo actual.

Enseñar

Comprender la verdad de Dios y comunicarla claramente a otros para que alcancen a entender la vigencia e importancia para sus vidas.[13]

La palabra del Nuevo Testamento *didaskalia* significa «enseñanza», «instrucción», «aquello que se enseña» o «doctrina».[14] El sustantivo *didaskalos* significa «instructor» o «maestro», «alguien que enseña las verdades de Dios y los deberes de la gente».[15] El don de enseñar es una capacidad otorgada por Dios para explicar y aplicar las verdades que Dios reveló en las Escrituras. Este don espiritual permite que uno comunique más que información de hechos. Dios

---

10. 1 Juan 4:1
11. 1 Corintios 12:28
12. 1 Tesalonicenses 5:19-22
13. Romanos 12:7; 1 Corintios 12:28; Efesios 4:11
14. Obtenemos la palabra didáctico de *didaskalia*.
15. J. H. Thayer, *Greek-English Lexicon of the New Testament* [Diccionario griego-inglés del Nuevo Testamento], p. 144.

equipa a los maestros para que comprendan y compartan eficazmente la esencia y el corazón de una doctrina cristiana o un tema bíblico.

Necesitamos maestros sólidos de la verdad de Dios debido a que los engañosos proveedores de las mentiras de Satanás nos bombardean con mentiras y falsas enseñanzas. Jesús dijo: «Todo el que infrinja uno solo de estos mandamientos, por pequeño que sea, y enseñe a otros a hacer lo mismo, será considerado el más pequeño en el reino de los cielos; pero el que los practique y enseñe será considerado grande en el reino de los cielos».[16]

Un renombrado historiador de la iglesia escribió: «[El] cuerpo celestial de la verdad apostólica se enfrenta con el fantasma de la herejía; como lo fueron los milagros divinos de Moisés con los manipuleos satánicos de los egipcios...Cuanto más poderoso surge el espíritu de la verdad, más activo se vuelve el espíritu de la falsedad. Donde Dios construye una iglesia, el diablo construye una capilla al lado».[17] Pedro nos advirtió: «En el pueblo judío hubo falsos profetas, y también entre ustedes habrá falsos maestros que encubiertamente introducirán herejías destructivas, al extremo de negar al mismo Señor que los rescató. Esto les traerá una pronta destrucción».[18] Los falsos maestros son una abominación a Dios.[19]

El don de enseñar no se refiere a compartir la opinión personal o los pálpitos internos. Implica fidelidad a la antigua fe

---

16. Mateo 5:19
17. Philip Schaff, *History of the Christian Church* [Historia de la iglesia cristiana], vol. 8, Grand Rapids, Wm. B. Eerdmans Publishing Company, 1950, 1:565.
18. 2 Pedro 2:1
19. 1 Timoteo 1:6-7; 4:1-2; Tito 1:10-11

apostólica. Jesús comisionó a sus discípulos para que enseñaran todo lo que *él* les ordenara.[20] La segunda carta del apóstol Pablo a Timoteo describía a ese falso maestro que no basa sus enseñanzas en las palabras de Dios como un «obstinado que nada entiende» y «padece del afán enfermizo de provocar discusiones inútiles que generan envidias, discordias, insultos, suspicacias».[21]

Cuando las personas se vuelven discípulas de Jesucristo, necesitan instrucción de maestros dotados con el Espíritu. El don de enseñar es la capacidad otorgada por Dios de comprender efectivamente y pasar la palabra de Dios a los demás para afectar su pensamiento, su conducta y su visión del mundo. El resultado de él es conducir a los cristianos a la madurez, la santidad y las buenas obras fructíferas.

Puesto que el auténtico don de enseñar sigue siendo importante para el bienestar de la Iglesia, la Biblia advierte: «No pretendan muchos de ustedes ser maestros, pues, como saben, seremos juzgados con más severidad».[22] Los maestros cristianos nunca deben confiar en sus propios poderes. La capacidad de aclarar y enseñar la verdad divina se hace posible únicamente por la facultad sobrenatural del Espíritu Santo. Sin embargo, Dios espera que los maestros estudien y se organicen para sus ministerios. Un proverbio estadounidense dice: «Fallar en preparar es prepararse a fallar».

Si los profetas nos convocan a la acción, los maestros proporcionan una instrucción sólida para guiarnos en el camino.

---

20. Mateo 28:20
21. 1 Timoteo 6:3-4
22. Santiago 3:1

Si los profetas *predican* la palabra de Dios, los maestros *explican* la palabra de Dios. El Espíritu Santo les da a los que tienen este don un interés ansioso en la verdad y un amor por el estudio. Evitan las tradiciones meramente humanas y enseñan el mensaje valioso de Dios revelado en la Biblia.

Lamentablemente, algunos que enseñan carecen del don espiritual. Samuel Butler se quejaba: «Los catedráticos [de la universidad] están demasiado ocupados educando a los jóvenes para poder enseñarles algo». El Espíritu Santo les da a los maestros la capacidad de comunicar efectivamente la verdad espiritual a las vidas de las personas. Tal enseñanza se hunde en las mentes y los corazones de los demás, y la verdad de Dios esclarece su comprensión y transforma sus vidas.

Servir

Impulsar a otros al servicio inspirado por el Espíritu, quien se lleva su carga y los hace libres para amplios ministerios.[23]

El Nuevo Testamento usa la palabra *diakonía* para hablar de aquellos que sirven a los demás con amor, como bajo una comisión divina para hacerlo. Los traductores a veces parafrasean la palabra *diakonía* como «ministerio», «servir a los demás», «servicio» y «ayudar a los demás». El don de servir lo llena a uno con el deseo y la capacidad de comprender y de ser útil para satisfacer las necesidades cotidianas de quienes Dios llama para los ministerios públicos más amplios. Jesús dijo que él vino a la tierra como «uno que sirve».[24]

Los diáconos, en el libro de Hechos, servían a los apóstoles

---
23. Romanos 12:7
24. Lucas 22:27

para liberarlos y que se «dediquen de lleno a la oración y al ministerio de la palabra».[25] Un poeta anónimo capturó el espíritu de los cristianos que tienen el don de servir.

Ningún servicio en sí es pequeño,
ninguno es grande, si bien llena la tierra;
pero es pequeño el que busca lo propio
y grande el que busca la voluntad de Dios.

La palabra *diácono* conlleva matiz de humildad y alegría, en cuanto a asistir a las necesidades de los demás. Aquellos que sirven hacen más que hablar de ministrar a los otros, simplemente lo hacen. Este don espiritual permite que uno actúe apropiadamente, en el momento adecuado y con la actitud conveniente.

Al final de las cartas de Pablo, a veces, menciona los nombres de aquellos cuyo servicio les permitió tener un ministerio más amplio. Por ejemplo, él habló de cuánto bien le hizo Onesíforo al servirlo: «Porque muchas veces me dio ánimo y no se avergonzó de mis cadenas. Al contrario, cuando estuvo en Roma me buscó sin descanso hasta encontrarme. Que el Señor le conceda hallar misericordia divina en aquel día. Tú conoces muy bien los muchos servicios [*diakonia*] que me prestó en Éfeso».[26] Pablo oró porque su propio servicio [*diakonia*] «la ofrenda de mi servicio a los santos en Jerusalén sea acepta».[27]

Los que ejercen este don espiritual voluntariamente se

---

25. Hechos 6:4
26. 2 Timoteo 1:16-18 - RVR 1960
27. Romanos 15:31 - RVR 1960

comprometen a un ministerio de largo alcance con las personas, organizaciones y causas a las que sirven. Los cristianos que tienen este don no usan su servicio para promoverse u obtener reconocimiento. Ellos satisfacen las necesidades de los demás sin llamar la atención de sus propios ministerios de servicio. Reciben gozo en su útil trabajo y satisfacción en las palabras de Jesús, quien dijo: «El más importante entre ustedes será siervo de los demás».[28] Las gratificaciones de los servidores serán grandes. El Señor prometió que, cuando él regrese, invitará a los que sirvieron a una mesa «y se ajustará la ropa, hará que los siervos se sienten a la mesa, y él mismo se pondrá a servirles».[29]

Exhortación

Reconfortar y animar a otros a través del ministerio de compasión, comprendiendo y aconsejando bíblicamente a otros para causar buenas actitudes y acciones.[30]

Los traductores del sustantivo *parakalon* del Nuevo Testamento lo traducen como «exhortar», «alentar», «instar» o «consolar». Esta palabra es la misma que usó Jesús para describir al Espíritu Santo: «Y yo le pediré al Padre, y él les dará otro Consolador [*parakalon*] para que los acompañe siempre».[31] Este término abarca las ideas de «aliento», «consuelo», «advertencia», «defensa», «ayuda» y «súplica».[32] Este don espiritual lo equipa a uno para ir junto (*para*) a los de-

---

28. Mateo 23:11
29. Lucas 12:37
30. Romanos 12:8
31. Juan 14:16, 25; 15:26
32. H. Thayer, Greek-English Lexicon of the New Testament, pp.482-83.

más a fin de alentarlos y obtener (*kaleo*) su potencial. Pablo escribió: «Anímense [*paraklesis*] y edifíquense unos a otros, tal como lo vienen haciendo».[33]

La exhortación bíblica no significa regañar a las personas respecto de sus fallas y defectos. En cambio, los alentadores ayudan a los demás a avanzar, guiándolos y elevándolos. El amor, la compasión y la comprensión infunden a los exhortadores el poder de inspirar a los otros a creer en el buen futuro que Dios planea para ellos. La exhortación, a veces, llama la atención de la necesidad de otro para cambiar un hábito defectuoso, al tiempo que apunta a alentarlo y a elevarlo a un terreno más alto.

El profeta Jeremías habló de alentadores que ministraban «gracia en el desierto».[34] El Nuevo Testamento llama a Bernabé, un «hijo del aliento»; él personificó el don espiritual de la exhortación. Se acercó a San Pablo y lo alentó, incluso, cuando los discípulos de Jerusalén lo rehuían. Del mismo modo, Bernabé alentó a Juan Marcos, luego de haber desertado del equipo durante su primer viaje misionero. El don de la exhortación permite que uno sonría tanto con el rostro como con el corazón, mientras se saca afuera lo mejor de los demás.

Timoteo también fue un alentador. San Pablo le escribió: «Te doy este solemne encargo: Predica la Palabra; persiste en hacerlo, sea o no sea oportuno; corrige, reprende y anima con mucha paciencia, sin dejar de enseñar».[35] Los alentadores cristianos hablan directa, pero amablemente y con esperanza.

---

33. 1 Tesalonicenses 5:11
34. Jeremías 31:2
35. 2 Timoteo 4:1-2

Su ministerio participativo de exhortación da efectivamente en el blanco, y ellos ayudan a los demás a elevar su vista, a purificar sus objetivos y a profundizar sus compromisos.

Dar

Suplir generosamente los medios materiales o financieros para ayudar a avanzar en la obra de Dios, en la vida de personas y en los ministerios de la iglesia.[36]

La palabra del Nuevo Testamento *metadidous* significa «alguien que da, otorga o comparte». Esta palabra proviene de un verbo (*didomi*) que puede significar rendir frutos, provenir de una semilla. Diferentes versiones del Nuevo Testamento la traducen como «el que contribuye», «el que da a la caridad», «el que da gratuitamente» y «beneficencia». Las necesidades prácticas de los demás requieren la distribución adecuada de bienes materiales.

El don espiritual de dar inspira y permite un ministerio de compartir sabiamente. Los cristianos que lo tienen contribuyen generosamente desde sus corazones llenos de amor y liberalidad. Los dadores de Dios no comparten para ganarse el favor de Dios, para sobornarlo o para obtener el aplauso humano. Dan como respuesta agradecida por todo lo que él ha hecho en sus vidas. Son inversores sabios en la eternidad.

Los que tienen este don no dan en forma indiscriminada, sino con discernimiento y buen criterio. Dar no sabiamente puede traer más perjuicio que bendición. Los dadores liberales y alegres oran para que Dios les permita compartir

---

36. Romanos 12:8

con sabiduría, en forma altruista y con alegría. Un poeta anónimo escribió estas alentadoras palabras:

> Da fortaleza, da pensamiento, da obras, da riqueza;
> da amor, da lágrimas y date a ti mismo.
> Da, da, da siempre,
> el que no da no está viviendo;
> cuando más das, más vivirás.

Un don juicioso en el momento apropiado se convierte en una doble bendición para los demás.

Los dadores descubren que cuando dan de acuerdo con su capacidad, Dios expande sus medios en proporción con el hecho de dar. Uno no necesita ser rico para tener el don de dar. Algunos dan con gozo, incluso de medios magros. A veces, Dios valora la «actitud de la viuda» más que sumas enormes dadas en el espíritu incorrecto o por la causa incorrecta.[37] Cuanto más generosos nos volvemos, más nos permite Dios ganar para que podamos dar más. En su famoso libro *The Pilgrim's Progress* [El progreso del peregrino], John Bunyan escribió: «Había un hombre, aunque algunos lo consideraban loco, que cuanto más daba, más tenía».

Las personas generosas conocen la verdad de la cita de Jesús, de San Pablo, que dice que uno encuentra más bendición en dar que en recibir.[38]

---

37. Marcos 12:42-44
38. Hechos 20:35

Dar asistencia

Proveer el liderazgo para coordinar los materiales y promover el progreso de otros, al encontrar las necesidades reales de la gente y de sus organizaciones.[39]

La palabra del Nuevo Testamento *proistamenos* significa «gobernar», «conducir», «vigilar» o «estar frente a otros como una guía». Los traductores de la Biblia la transcriben como «líder», «protector», «paladín», «patrono», «alguien que gobierna» o «alguien que está al frente». Claramente, este don se refiere al liderazgo. Podemos definirlo como dirigir a los demás, en cuanto a proporcionar ayuda y apoyo prácticos.

Es cierto que ningún cristiano está «por encima» de otro, y que todos ellos tienen acceso pleno a la gracia de Dios. Aun así, Dios da posiciones de autoridad a algunos. El Nuevo Testamento enseña que debemos respetar adecuadamente a los líderes designados por Dios.[40] La Biblia habla de los que «gobiernan bien» como «considerados dignos de doble honor» y debemos valorar a estos líderes y seguir sus palabras.[41] Pablo escribió: «les pedimos que sean considerados con los que trabajan arduamente entre ustedes, y los guían y amonestan en el Señor. Ténganlos en alta estima, y ámenlos por el trabajo que hacen».[42] Henry Ford dijo una vez: «¿Quién va a cantar como tenor en el cuarteto? Evidentemente, el hombre que pueda cantar como tenor».

---

39. Romanos 12:8
40. Filipenses 2:29
41. 1 Timoteo 5:17; Hebreos 13:7
42. 1 Tesalonicenses 5:12-13

Los líderes con el don del Espíritu a veces cometen errores, como lo hacemos todos; pero admiten humildemente sus desaciertos y trabajan para corregirlos y reparar el daño. A pesar de los defectos humanos, los dones espirituales de nuestros líderes pueden elevarlos por sobre los límites de sus capacidades naturales. Su tarea de liderazgo los hace guiar a otros en ministerios prácticos con el espíritu de sabiduría, celo y administración efectiva. Este don tiene menos que ver con la posición o cargo que con la capacidad ungida por el Espíritu y la integridad personal. Los buenos líderes permanecen indispensables en la comunidad cristiana.

Compasión

Detecte las necesidades de los otros, sienta empatía, muestre compasión con alegría y otorgue consuelo. [43]

La palabra griega *eleeo* significa «tener misericordia sobre», «consolar», «sentir compasión por», o «dar ayuda». Dios es «rico en misericordia» debido a «su gran amor por nosotros».[44] En un tribunal, una persona juzgada busca *eleos* de un juez, con la esperanza de obtener «misericordia», «bondad» y «buena voluntad». El don espiritual de la compasión permite que uno perciba las heridas de los demás, que sienta empatía con ellos y que los ayude a llevar su carga. Esto es más que sentir lástima; es una compasión de corazón por otra persona que sufre dolor físico o emocional. Este don espiritual abarca tanto la compasión como la misericordia. Los que lo tienen ministran con gozo. San

---
43. Romanos 12:8
44. Efesios 2:4

Pablo escribió: «si es el de mostrar compasión, que lo haga con alegría».[45]

Por supuesto, Dios quiere que todos nosotros demostremos compasión por los demás.[46] Sin embargo, este don espiritual lo llena a uno con una compasión extraordinaria por las personas que sufren; permite que uno sienta empatía hacia los demás y ministre misericordia que sana, libera y renueva. Este don espiritual da la comprensión que posibilita consolar y sanar a los que tienen dolor espiritual, emocional y físico.

Las personas discapacitadas y debilitadas se benefician especialmente de los cristianos que tienen el don de la compasión, que es necesario para los que trabajan en hospitales, geriátricos, orfanatos y centros de tratamiento de drogas. Estas personas de buen corazón que brindan cuidados traen misericordia, comprensión y compasión a los que carecen de la capacidad de devolvérselos. Oran en el espíritu de la siguiente canción *gospel*:

> ¡Ah!, ser como tú, lleno de compasión,
> con amor, perdón, tierno y bueno,
> ayudando a los desvalidos, alegrando a los que desmayan,
> buscando al pecador perdido para encontrar.
>
> ¡Ah, ser como tú! ¡Ah, ser como tú,
> Redentor bendito, puro como eres!
> Ven con tu dulzura, ven con tu plenitud.
> Estampa tu imagen profundamente en mi corazón.

---

45. Romanos 12:8
46. Mateo 9:13; 12:7; Lucas 11:37; Santiago 2:13

Con frecuencia, las personas necesitan más que alivio médico o financiero. Muchos ansían la presencia sanadora de alguien que puede percibir su dolor y elevar sus espíritus. La compasión ayuda a liberarlos de su angustia mental y emocional. Los que tienen este don espiritual se deleitan demostrando con eficacia la compasión de Dios por las personas que sufren.

El rey David declaró, en Salmos: «Mas la misericordia de Jehová es desde la eternidad y hasta la eternidad sobre los que le temen, y su justicia sobre los hijos de los hijos».[47] En toda la Biblia, la misericordia y la compasión marcan a los que aman a Dios. Pero, lamentablemente, los seguidores de Cristo, a veces, carecen de compasión. En su novela de 1859, *Adam Bede,* George Eliot destacó amargamente: «Entregamos a las personas a la misericordia de Dios, y nosotros no demostramos ninguna». La compasión genuina proviene de Dios, que es la única fuente de toda misericordia. El autor del siglo XIX E. H. Chapin escribió: «La misericordia, entre las virtudes, es como la luna entre las estrellas: No tan brillante como tantas, pero dispensando un brillo calmo que reverencia al todo». En una época de ojos secos, cabezas calientes, corazones tibios y pies fríos, el mundo necesita el ministerio de la misericordia de los cristianos compasivos.

---

47. Salmo 103:17 – RVR 1960

Sanidad

Elevando oraciones de fe a Dios que traen sanidad al enfermo, al delicado o a los cuerpos enfermos, a las almas y a las relaciones.[48]

Toda sanidad tiene su fuente en Dios. Él es el que sana, no los seres humanos. En el Antiguo Testamento, Dios dijo: «Yo soy el Señor, que les devuelve la salud».[49] Al enumerar los dones espirituales, San Pablo usa la frase con doble plural: «dones de sanidades». Esta construcción gramatical sugiere que Dios sana muchos tipos de debilidades, incluyendo las físicas, mentales, espirituales y de relación. Jesús realizó milagros de sanidad en todas estas áreas, como lo hicieron los apóstoles.

Otra área de sanidad trata con el daño intergeneracional, traspasado a través de las familias: tales como el alcoholismo, el juego, la drogadicción y la confusión sexual; pero no permite que uno vea exitosamente la sanidad de todas las personas, y de toda enfermedad, siempre. Dios inviste dones específicos de sanidad para épocas y necesidades en particular, que, con frecuencia, se combinan con el don de la fe.

Dios utiliza varios métodos de sanidad física:

A veces, sana instantáneamente. El libro de los Hechos cuenta la historia de unos amigos que diariamente llevaban a un hombre cojo de nacimiento al templo, en Jerusalén. Al verlo, Pedro «tomándolo por la mano derecha, lo levantó. Al instante los pies y los tobillos del hombre cobraron fuerza».[50] La sanidad fue instantánea.

---

48. 1 Corintios 12:7-9
49. Éxodo 15:26
50. Hechos 3:7

Dios, con frecuencia, cura gradualmente. Durante una grave epidemia de influenza, algunas personas mueren. Otras se reponen de a poco y finalmente recuperan su plena salud. Algunas sanidades son progresivas.

A menudo, Dios usa la ciencia médica para sanar a los enfermos. Médicos, enfermeras y «medicinas milagrosas» son bendiciones de Dios. Los medicamentos y las cirugías salvan innumerables vidas.

En otros momentos, Dios no restaura nuestros cuerpos hasta obtener una salud completa, sino que nos da gracia para soportar la aflicción y vivir una vida victoriosa. En el verano de 1967, Joni Erickson se hundió en las aguas poco profundas de la Bahía de Chesapeake. Al golpear su cabeza contra una piedra, se lastimó la espina dorsal y se volvió cuadripléjica. La vida ahora triunfante de Joni demuestra que la competencia de Dios puede elevarnos por encima de las discapacidades físicas. Tampoco Dios sanó al apóstol Pablo. En cambio, le dio la gracia para vivir victoriosamente con su aflicción física.[51]

Finalmente, Dios siempre nos sana en la próxima resurrección. El libro de Apocalipsis promete cuerpos resucitados para el pueblo de Dios: «Él les enjugará toda lágrima de los ojos. Ya no habrá muerte, ni llanto, ni lamento ni dolor, porque las primeras cosas han dejado de existir».[52]

Dios prolongó sus dones de sanidades más allá de la época del Nuevo Testamento y él continúa con ellos en la

---

51. 2 Corintios 12:7-9
52. Apocalipsis 21:4, Ver también Isaías 25:8; Mateo 13:43; 1 Corintios 15:26; Filipenses, 3:2; 2 Timoteo 1:10

actualidad. Así como con los demás dones del Espíritu, los de las sanidades permiten que los cristianos se conviertan en canales de Dios, a través de los cuales él ministra gracia y bendición a los que sufren. Debemos recordar que nuestro sanador es Dios, no, la persona a través de la cual pueda llegar la sanidad.

Obrar milagros

Confiar en Dios que obra sobrenaturalmente en las personas y las circunstancias, especialmente a través de las sanidades, la liberación de los espíritus demoníacos y del peligro.[53]

Las palabras castellanas «energía» y «dinamita» provienen de las griegas: *energemata dunameon*; esta frase se traduce como «alguien que obra poderes», «poder para hacer milagros», «obras poderosas», «poderes milagrosos», «obrar maravillas», «el uso de poderes espirituales» y «el poder de los milagros». Podemos definir un milagro como una obra que solo puede hacer Dios. Es algo sobrenatural que los agentes naturales y los medios comunes no pueden imitar. La mayoría de las versiones del Antiguo Testamento traducen esta palabra como «una maravilla» o «una obra poderosa». Los eruditos del Nuevo Testamento, por lo general, como «señales y maravillas».[54]

El libro de Hechos usa la palabra *dunameon* para echar a los espíritus malignos y para las sanidades físicas. Este don, sin embargo, implica mucho más que estas dos acciones. Los primeros cristianos oraban: «Ahora, Señor, toma en cuenta sus amenazas y concede a tus siervos el proclamar tu

---
53. 1 Corintios 12:10, 28-29
54. Juan 2:11

palabra sin temor alguno. Por eso, extiende tu mano para sanar y hacer señales y prodigios mediante el nombre de tu santo siervo Jesús».[55]

Como es el caso con todo don espiritual, éste no hace que una persona sea superior a otras. Escribiendo sobre aquellos que alardean de sus capacidades, San Pablo dijo: «No nos atrevemos a igualarnos ni a compararnos con algunos que tanto se recomiendan a sí mismos. Al medirse con su propia medida y compararse unos con otros, no saben lo que hacen».[56] El libro de Proverbios nos recuerda: «Al orgullo le sigue la destrucción; a la altanería, el fracaso».[57] El Espíritu Santo otorga sus dones como le place, y no podemos obtener renombre por los dones que él suministra.

Si bien Jesús obró milagros, se rehusó a dar pruebas para sus críticos escépticos.[58] Desaprobaba a los que exigían una señal sobrenatural antes de aceptarlo como Señor. Él declaró: «Esta generación malvada y adúltera busca una señal milagrosa, pero no se le dará más señal que la de Jonás". Entonces Jesús los dejó y se fue».[59] Jonathan Swift, el ministro cristiano del Siglo XVIII y autor de *Los viajes de Gulliver*, habló sobre los que en su época exigían milagros: «La religión parece haberse acobardado con los años —dijo— y requiere milagros para que la cuiden». Sin embargo, Dios aun obra milagros cuando elige hacerlo.

---

55. Hechos 4:29-30
56. 2 Corintios 10:12
57. Proverbios 16:18
58. Mateo 12:38-42
59. Mateo 16:4

DETECTAR EL TESORO

San Lucas informó que «Dios hacía milagros extraordinarios por medio de Pablo».[60] Él obró milagros de sanidad, de echar a los espíritus malignos y realizó otros dentro de la naturaleza. Pablo escribió a la iglesia de los Gálatas: «Al darles Dios su Espíritu y hacer milagros entre ustedes, ¿lo hace por las obras que demanda la ley o por la fe con que han aceptado el mensaje?».[61]

De los milagros de Dios, los más grandes no son físicos, sino espirituales. La mayoría de los grandes hombres y mujeres de la Biblia realizaban milagros visibles para todos. Jesús dijo sobre Juan el Bautista: «Les aseguro que entre los mortales no se ha levantado nadie más grande que Juan el Bautista; sin embargo, el más pequeño en el reino de los cielos es más grande que él».[62] Sin embargo, el ministerio de Juan no vio milagros.[63] Uno puede servir fielmente a Dios durante toda una vida sin realizar un milagro científico.

Aun, una cantidad de cristianos informan sobre relatos claros de los poderes milagrosos de Dios que obran hoy en día. Innegablemente, Dios hace más milagros en nuestro mundo de lo que nosotros reconocemos: evita accidentes, revierte enfermedades, detiene el curso del mal y nos ayuda a vencer obstáculos aparentemente imposibles. Es indudable que el mayor milagro de todos es el poder de Dios de cambiar los corazones humanos y de darles nueva vida en Jesucristo. Y todas las personas pueden experimentar esta obra de Dios.

---

60. Hechos 19:11
61. Gálatas 3:5
62. Mateo 11:11
63. Juan 10:41

Lenguas

Hablar en otras lenguas terrenales o en lenguas desconocidas como un medio de petición, alabanza y agradecimiento.[64]

Hablar en lenguas permite que uno utilice otro idioma sin haberlo aprendido. Generalmente, uno que el hablante y la mayoría de quienes lo escuchan no comprenden. Un ejemplo de hablar en lenguas humanas aparece en el libro de los Hechos, cuando otros oyeron a algunos de los cristianos «hablar en diferentes lenguas».[65] No era necesaria ninguna interpretación, porque las personas reunidas los comprendían.[66] En nuestros días, algunos misioneros informan sobre casos ocasionales cuando esto ocurre, aunque es raro.

Un ejemplo de hablar en lenguas desconocidas que fueron inteligibles para quienes escuchaban aparece en 1 Corintios: «Porque el que habla en lenguas no habla a los demás sino a Dios. En realidad, nadie le entiende lo que dice, pues habla misterios por el Espíritu».[67] Cuando esta práctica se da públicamente, debe haber un intérprete. De otro modo, San Pablo declaró: «Así que, si toda la iglesia se reúne y todos hablan en lenguas, y entran algunos que no entienden o no creen, ¿no dirán que ustedes están locos?».[68] De modo que cualquier uso de lenguas en público requiere una interpretación.

Además del verdadero don de hablar en lenguas, hay dos tipos de lenguas que no son dones del Espíritu: las lenguas

---

64. 1 Corintios 12:10, 28
65. Hechos 2:4-6
66. Hechos 2:6-11
67. 1 Corintios 14:2
68. 1 Corintios 14:23

psicológicas y *demoníacas*. Un ejemplo de lenguas psicológicas sucede cuando alguien usa varias técnicas para «enseñar» a los demás a hablar en lenguas. En algunos círculos, los maestros insisten en que todos los cristianos pueden y deben hablar en lenguas. A veces, la presión grupal induce a algunos esfuerzos por «decir algo en lenguas». Las personas pueden falsear este don espiritual. Esta forma de hablar en lenguas no es genuina, y por lo general se desvanece.

El segundo tipo de lenguas inválidas proviene de fuentes demoníacas. Por ejemplo, Pythia, una sacerdotisa de la antigüedad, en Delhi, Grecia, hablaba en lenguas. Ella inhalaba vapores volcánicos, masticaba hojas de laurel que alteraban la mente, caía en delirios y convulsiones, lo que la inspiraba a pronunciar sonidos divagadores. Los sacerdotes paganos de Delhi interpretaban lo que ella decía como palabras del dios Apolo.[69] Esta forma demoníaca aparece en sectas de practicantes de hinduismo, musulmanes, vudú y santería.

Debemos rechazar las lenguas inválidas, reconociendo a la vez las válidas. San Pablo abordó a los miembros de la iglesia que hablaban en lenguas con sonidos entusiastas pero ininteligibles. Acerca de esta práctica, 1 Corintios, capítulo 14 enseña ocho principios.

- Hablar públicamente en lenguas «desconocidas» no tiene sentido sin una interpretación.[70]

---

69. Will Durant, *The Story of Civilization* [La historia de la civilización], vol. 2, *The Life of Greece* [La vida de Grecia], Nueva York, Simon & Schuster, 1966, p.198.
70. 1 Corintios 14:9

- Cuando se habla en lenguas, «la mente queda improductiva», uno pierde control de la comprensión intelectual.[71]
- Los que hablan en lenguas se «edifican» a sí mismos, pero no a la congregación.[72] «El que habla en lenguas no habla a los demás, sino a Dios»[73]
- Hablar en lenguas no es una señal para los creyentes, sino para los incrédulos.[74]
- Debe haber una interpretación, si hablar en lenguas públicamente tiene significado para otros adoradores.[75]
- Es preferible decir cinco palabras de profecía que diez mil palabras en lenguas; por lo tanto, la iglesia debe limitar el uso de las lenguas en la adoración pública.[76]
- Los maestros actúan irresponsablemente al insistir en que los demás hablen en lenguas. Ningún cristiano tiene todos los dones espirituales,[77] y Dios los otorga de acuerdo con su voluntad soberana.[78]

Hablar en lenguas puede ser *una* señal para algunos, pero no es *la* señal para todos. Todo cristiano puede conocer la plenitud del Espíritu Santo sin hablar en lenguas. Podemos

---

71. 1 Corintios 14:14
72. 1 Corintios 14:4, 6, 9-11
73. 1 Corintios 14:2
74. 1 Corintios 14:22
75. 1 Corintios 14:5, 28
76. 1 Corintios 14:27-28
77. Romanos 12:6; 1 Corintios 12:29
78. 1 Corintios 12:11

permitir diferencias acerca de hablar en lenguas sin quebrar la comunión con otros hermanos que pueden estar en desacuerdo con nosotros. Los cristianos que adoran al mismo Señor son uno en Jesucristo, aparte de si hablan en lenguas o no.

Interpretación de lenguas

Aclararle a los demás el significado o intentar explicar cuando uno habla en una lengua extraña.[79]

El don de la interpretación de lenguas es un complemento lógico y necesario al de hablar en ellas. El *Dictionary of Pentecostal and Charismatic Movements* [Diccionario de los movimientos pentecostal y carismático] lo define como el don «por el cual alguien así dotado aclara a la congregación el habla ininteligible de alguien que ha hablado en lenguas».[80] Las Escrituras nos dicen que si alguien habla en una lengua públicamente, debe haber una interpretación de la petición, la alabanza o la acción de gracias. Este don permite que alguien descifre el habla en lenguas y que aclare lo que de otro modo sería ininteligible. No es una comprensión intelectual de la pronunciación de una «traducción» palabra por palabra de las palabras habladas en una lengua desconocida. En cambio, es una interpretación espiritual del sentido de lo que dijo el hablante.

A veces, el que habla en lenguas puede interpretar lo que ha dicho. De hecho, San Pablo aconsejó: «Por esta razón, el que habla en lenguas pida en oración el don de interpretar

---

79. 1 Corintios 12:10, 30
80. *Dictionary of Pentecostal and Charismatic Movements* [Diccionario de los movimientos pentecostal y carismático], compilado por Stanley M. Burgess, Gary B. McGee y Patrick H. Alexander, Grand Rapids, Zondervan Publishing House, Regency Reference Library, p. 469.

lo que diga».[81] Generalmente, la persona que interpreta las palabras para la congregación es otra.

Dios no da «mensajes» a la iglesia, en lenguas. Las Escrituras dicen que los que tienen este don hablan para Dios. Pablo insistió: «Porque el que habla en lenguas no habla a los demás sino a Dios».[82] Por lo tanto, la interpretación debe dirigir palabras a Dios, tales como alabanza, oración, petición o acción de gracias.

Palabra de sabiduría

Recibir una asistencia espiritual iluminada que capacita para comprender y compartir la intención del Espíritu Santo en una circunstancia específica.[83]

La Biblia contrasta la sabiduría de Dios con la humana. Sin la ayuda de aquella, esta resulta inadecuada. El apóstol Santiago declaró que gran parte de la sabiduría humana es «terrenal, puramente humana y diabólica».[84] Él también dijo que Dios dará verdadera sabiduría si pedimos por ella.[85] La frase griega por el don de la palabra de sabiduría es *logos sophias*. *Logos* (palabra) puede significar «enseñanza», «doctrina», «comunicación» o «mensaje». *Sophia* (sabiduría) puede significar «comprensión», «discernimiento», «buen sentido», «juicio», «sanidad» y «la capacidad de comprender el núcleo del asunto». Los traductores interpretan este don intelectual como «la capacidad de dar un consejo sabio», «la pronunciación de

---

81. 1 Corintios 14:13
82. 1 Corintios 14:2
83. 1 Corintios 12:8
84. Santiago 3:15
85. Santiago 1: 5

sabiduría», «el don del discurso sabio», «hablar con sabiduría» y «hablar con sabiduría de acuerdo con el Espíritu».

El don espiritual de la palabra de sabiduría no se ocupa principalmente de nuestros poderes intelectuales naturales. En cambio, se refiere a la comprensión enviada del cielo. Comparada con la divina, la sabiduría humana es «insensatez para con Dios».[86] San Pablo definió la sabiduría de Dios como «sabiduría, no de este siglo, ni de los príncipes de este siglo, que perecen. Mas hablamos sabiduría de Dios en misterio, la sabiduría oculta, la cual Dios predestinó antes de los siglos para nuestra gloria».[87] La palabra de sabiduría permite que uno comprenda desde la perspectiva de Dios y que hable o escriba con buena percepción y sano juicio.

Por supuesto, el aprendizaje y la experiencia traerán una medida de sabiduría. La del don espiritual, sin embargo, es una sabiduría elevada que Dios otorga a través del Espíritu Santo, aunque no es una sabiduría completa sobre todo. Es una *palabra* de sabiduría inspirada por el Espíritu Santo que ayuda a guiar nuestras decisiones. Este don otorga una comprensión especial que trasciende el mero discernimiento humano, y barre con la duda y la confusión.

Una palabra de sabiduría puede silenciar a los consejeros mal aconsejados, exponer la falsa enseñanza y evitar las malas decisiones. Con frecuencia, los demás expresan gozo y acuerdo cuando uno pronuncia dichas palabras de sabiduría. Jesús les prometió a los primeros apóstoles «yo mismo les daré tal elocuencia y sabiduría para responder, que ningún adversario

---

86. 1 Corintios 1:20; 3:19 RVR 1960.
87. 1 Corintios 2:6-7 RVR 1960.

podrá resistirles ni contradecirles».[88] En Hechos 4, el Sanedrín convocó a los apóstoles Pedro y Juan para regañarlos por predicar la resurrección de Jesús. Estos apóstoles sorprendieron y confundieron al Consejo judío con la sabiduría de sus palabras. Leemos más acerca de que los oponentes de Esteban: «No podían hacer frente a la sabiduría ni al Espíritu con que hablaba».[89]

Cuando un grupo cristiano enfrenta una decisión difícil, el Espíritu Santo con frecuencia le otorga a alguien con este don una palabra de discernimiento, que llanamente se convierte en la palabra correcta, en el momento correcto. Cuando la comprensión humana no alcanza, necesitamos dicha sabiduría inspirada por el Espíritu. A menudo, unas pocas palabras y una oración corta sirven bien. Una palabra de sabiduría relaja la atmósfera y enciende la luz del curso correcto de acción.

El Espíritu Santo continúa hoy día revelando palabras de sabiduría a través de sus siervos, para permitirles comunicar la perspectiva de Dios. Vemos este don espiritual en acción, en Hechos, capítulo 15. Ese capítulo registra la primera conferencia de la iglesia cristiana, en la que Santiago, como líder, utilizó el don de una palabra de sabiduría para aconsejar sabiamente acerca de la ley judía y el cristianismo. En la actualidad, la comunidad cristiana necesita el consejo de siervos de Dios inspirados por el cielo. Tal vez, Jesús diría de nuevo: «El que tenga oídos, que oiga lo que el Espíritu dice a las iglesias».[90]

---

88. Lucas 21:15
89. Hechos 6:10
90. Apocalipsis 2:7

Palabra de conocimiento

Conocer un hecho o una circunstancia basada en una iluminación directa del Espíritu Santo.[91]

La palabra griega *ginosko* significa «comprender», «reconocer» y «saber». Podemos traducir la frase bíblica *logos gnoseos* (palabra de conocimiento) como «la pronunciación del conocimiento por parte del Espíritu», «colocar el conocimiento más profundo en palabras», «hablar con conocimiento» o «pronunciar la instrucción del Espíritu». El don de la palabra de conocimiento le permite a uno darse cuenta de algo con certeza, porque el Espíritu Santo lo revela. Jesús tuvo una palabra de conocimiento cuando le dijo a la mujer samaritana que había estado casada cinco veces, y que el hombre con el que vivía no era su esposo.[92]

Dios le dio a Pedro una palabra de conocimiento acerca de Ananías: «¿Cómo es posible que Satanás haya llenado tu corazón para que le mintieras al Espíritu Santo y te quedaras con parte del dinero que recibiste por el terreno?».[93] Por medio de este don, el Espíritu Santo imparte una certeza a nuestras palabras y las usa para acompañar un acto de ministerio. Por ejemplo, antes de orar por la sanidad de alguien, Dios puede dar a la persona que ora una palabra precisa de conocimiento sobre lo que Dios está haciendo.

A lo largo de la historia, algunos han sostenido tener un conocimiento especial que los hace superiores a los demás. En los primeros siglos, falsos maestros, llamados gnósticos,

---

91. 1 Corintios 12:8
92. Juan 4:18
93. Hechos 5:1-3

simulaban tener un conocimiento especial, al que solo ellos accedían. Cobraban por compartirlo. El cristianismo no tiene secretos, porque Cristo reveló el reino de Dios a todas las personas.

El don espiritual de la palabra de conocimiento proviene del Espíritu Santo. San Pablo nos dice que solo en Cristo encontramos «escondidos todos los tesoros de la sabiduría y del conocimiento».[94] Este don no hace que nadie sea superior a los demás. En cambio, la palabra de conocimiento debe permitirnos ayudar y alentar. El Espíritu Santo da palabras de conocimiento para guiar nuestras oraciones, decisiones y servicio.

Fe

El Espíritu capacita para creer que Dios es capaz de hacer maravillosas obras; podemos confiar en que él nos dará la respuesta a nuestras oraciones y a nuestra fe.[95]

La palabra del Nuevo Testamento *pistis* (fe) tiene varios significados. El contexto decide cuál se aplica. La fe puede significar «una convicción de la verdad de algo», «confianza», «integridad», «fidelidad», «lo que uno cree» o «seguridad de que Dios está obrando». La fe, en el Nuevo Testamento, puede también significar un fruto del espíritu.[96] Luego veremos la diferencia entre frutos del espíritu y dones del espíritu. La fe como un don espiritual significa mover montañas, creyendo que Dios está obrando en nuestro mundo.[97] El don de la fe

---

94. Colosenses 2:2-3
95. 1 Corintios 12:9
96. Gálatas 5:22 RVR 1960
97. Mateo 17:0; Marcos 11:22-24

trae una seguridad confiada de que Dios ingresa a nuestras vidas diarias y que él puede obrar maravillas. Esta fe trae una confianza extraordinaria en la acción divina de Dios, aun si los hechos parecen lo contrario. Moisés, por ejemplo, creyó contra todas las posibilidades que Dios liberaría milagrosamente al pueblo hebreo de la esclavitud. «Por la fe salió de Egipto sin tenerle miedo a la ira del rey, pues se mantuvo firme como si estuviera viendo al Invisible».[98] Josué y Caleb confiaron en que Dios conduciría a los israelitas a la Tierra Prometida. No tenemos poder ni autoridad para exigir que Dios intervenga de determinadas maneras. Sin embargo, cuando Dios inspira fe, tenemos una convicción segura de que Dios hará que pase su obra notable.

Los diccionarios del Nuevo Testamento definen este significado de la fe como «una convicción firme y bienvenida».[99] Con frecuencia, la confianza de que Dios obrará maravillosamente proviene cuando otros dudan de que alguna solución sea posible. Muchos israelitas dudaron de la capacidad de Dios de otorgarles la victoria sobre poderosos enemigos. Josué y Caleb, sin embargo, creyeron en la promesa de Dios, y Dios recompensó su fe. La mayoría de las instituciones cristianas —tales como las sociedades misioneras, las escuelas, los hospitales, los ministerios universitarios, los orfanatos y las organizaciones de servicio— deben su comienzo a los paladines de la fe en Dios.

---

98. Hebreos 11:27
99. Joseph Henry Thayer, Greek-English Lexicon of the New Testament, Nueva York, American Book Co., 1889, p. 513.

La fe pocas veces trae respuestas instantáneas. Generalmente, comprende espera, paciencia y oración. La apurada generación actual ha desarrollado una inquietud por lo instantáneo. En la Biblia y a lo largo de la historia, sin embargo, la fe casi siempre ha necesitado tratar con la demora. Al esperar, nuestro asunto primordial es confiar en Dios y obedecerlo, orando.

Una determinada especie de bambú, cuando se la planta, no muestra señales de florecer por un largo tiempo. Durante cuatro años, la raíz subterránea debe recibir agua y fertilizante, sin señal de que el bambú esté vivo. Durante el paso de las estaciones, la planta no florece. ¡Pero después de cuatro años de espera el bambú se abre de la tierra y crece hasta una altura de nueve a doce metros, en una única temporada!

De manera similar, Dios obra en nuestras vidas durante nuestros largos períodos de espera. Aquellos que tienen el don de la fe continúan confiando, incluso cuando no vean una evidencia inmediata de cambio. Dios obra mientras creemos, sin ver. La fe confía en que Dios se moverá a su propio tiempo y recompensará la confianza inspirada en el Espíritu.

El don de la fe proporciona una creencia inconmovible de que Dios responde a nuestras apelaciones y libera sus bendiciones en nuestras vidas. El don de la fe alienta a los de menos fe y ayuda a establecerlos en su camino con Dios. San Agustín (354-430) escribió: «La fe es creer en lo que no vemos; y la recompensa de esta fe es ver lo que creemos». La fe propulsa la visión que pinta una imagen mental de lo que debería ser y será.

Discernimiento de espíritus

Revelar o mostrar lo que sea una enseñanza o propósito de acción, independientemente de lo que sea un recurso divino, humano o de maldad.[100]

El nombre bíblico completo para el don del discernimiento es «distinción de espíritus» o «discernimiento de espíritus». El libro de Hebreos habla de que «tienen la capacidad de distinguir entre lo bueno y lo malo, pues han ejercitado su facultad de percepción espiritual».[101] Una paráfrasis del Nuevo Testamento traduce este don como «conocer dónde hablan los espíritus malignos a través de los que sostienen estar dando mensajes de Dios, o si es el Espíritu de Dios el que habla».[102] Otras versiones de la Biblia traducen este don como «la capacidad de distinguir entre los espíritus», «la capacidad de distinguir a los verdaderos espíritus de los falsos», «discriminar en materias espirituales», «el don de reconocer espíritus» o «la capacidad de discernir si un mensaje proviene del Espíritu de Dios o de otro espíritu».

Pedro tenía el don de discernir espíritus. Él vio, a través del engaño maligno de Simón el hechicero, y lo expuso como «satánico».[103] Pablo discernió la intención maligna de un falso profeta, a quien llamó «Hijo del diablo».[104] El don espiritual del discernimiento permite que la Iglesia clasifique lo que proviene del Espíritu Santo, de los espíritus humanos y de los espíritus malignos.

---

100. 1 Corintios 12:10
101. Hebreos 5:14
102. 1 Corintios 12:10
103. Hechos 8:20-24
104. Hechos 13:10

Jesús advirtió: «Cuídense de los falsos profetas. Vienen a ustedes disfrazados de ovejas, pero por dentro son lobos feroces. ... surgirá un gran número de falsos profetas que engañarán a muchos».[105] El apóstol Pablo aclaró que «nuestra lucha no es contra seres humanos, sino contra poderes, contra autoridades, contra potestades que dominan este mundo de tinieblas, contra fuerzas espirituales malignas en las regiones celestiales».[106] ¿Cómo podemos distinguir el bien del mal? Por medio del discernimiento espiritual.

Las naves espaciales no cambian sus vectores ni en un único grado. Podría parecer al principio que una pequeña desviación no importa. Sin embargo, el menor error en el inicio finalmente llevará a la nave a miles de kilómetros de su destino. Los pequeños errores, aparentemente triviales, pueden alejarnos de la voluntad de Dios y de su favor. Puesto que los falsos maestros, quizá, astutamente, malinterpretan la Biblia, el don de discernimiento ayuda a mantener a la comunidad cristiana en la verdad y la voluntad de Dios.

Pablo nos recordó que algunos maestros son «falsos apóstoles». Él agregó: «Falsos apóstoles, obreros estafadores, que se disfrazan de apóstoles de Cristo. Y no es de extrañar, ya que Satanás mismo se disfraza de ángel de luz. Por eso no es de sorprenderse que sus servidores se disfracen de servidores de la justicia».[107] La comunidad cristiana necesita siempre la advertencia: «examinen con cuidado lo dicho».[108] San Pablo

---

105. Mateo 7:15; 24:11
106. Efesios 6:12
107. 2 Corintios 11:13-15
108. 1 Corintios 14:29

advirtió: «Algunos abandonarán la fe para seguir a inspiraciones engañosas y doctrinas diabólicas. Tales enseñanzas provienen de embusteros hipócritas, que tienen la conciencia encallecida».[109] Billy Graham escribió una vez: «Estoy convencido de que cientos de líderes religiosos de todo el mundo son siervos, no de Dios, sino del Anticristo. Son lobos vestidos de ovejas; son cizañas en lugar de trigo».[110] Ha sido así durante siglos. Mirando hacia el futuro, San Juan escribió: «Queridos hermanos, no crean a cualquiera que pretenda estar inspirado por el Espíritu, sino sométanlo a prueba para ver si es de Dios, porque han salido por el mundo muchos falsos profetas».[111] San Pablo aconsejó: «Sométanlo todo a prueba, aférrense a lo bueno».[112] Podemos agradecerle a Dios por sus siervos sensibles que tienen el don de discernir espíritus.

Apostolado

Trasplantar el evangelio a un nuevo ambiente para comenzar una nueva comunidad cristiana para las personas no alcanzadas.[113]

La palabra griega *apostolos* y su equivalente latina *missio* significan «alguien enviado como delegado» o «un emisario enviado con un mensaje». Los apóstoles son embajadores enviados por el Espíritu que representan a la comunidad cristiana en lugares nuevos. El don del apostolado le da a uno la

---
109. 1 Timoteo 4:1-2
110. Billy Graham, *The Holy Spirit* [El Espíritu Santo], Waxo, TX, Word Books, 1978, p. 152.
111. 1 Juan 4:1
112. 1 Tesalonicenses 5:21
113. 1 Corintios 12:28; Efesios 4:11

disposición y la capacidad de llevar las buenas nuevas de Dios a los que no están informados acerca del mensaje cristiano y fundar una nueva iglesia. Por lo tanto, todos los apóstoles son misioneros de algún tipo, pero no necesariamente misioneros extranjeros. Por ejemplo, fundar una iglesia entre una banda de una ciudad del interior requiere el don del apostolado. Los apóstoles deben pasar los obstáculos culturales y a veces, las barreras del idioma, en su obra misionera entre los que no conocen o no comprenden el evangelio de Cristo. Comúnmente, los que tienen el don del apostolado también tienen los dones de la profecía, de la enseñanza y de obrar milagros.

Además de los doce discípulos de Jesús, aparecen muchos apóstoles en el Nuevo Testamento. Pablo,[114] Santiago,[115] Bernabé,[116] Andrónico,[117] Junías,[118] Silvano[119] y Timoteo[120] también hicieron trabajo apostólico. El apóstol Santiago el «justo» (el hermano de Jesús), que no fue uno de los doce originales, se desempeñó como tal, cuando fue presidente de la primera conferencia general de cristianos, mencionada en el libro de Hechos.[121] Pablo nos dice: «Él mismo constituyó a unos, apóstoles; a otros, profetas; a otros, evangelistas; y a otros, pastores y maestros, a fin de capacitar al pueblo de Dios para la obra de servicio, para edificar el cuerpo de Cristo. De este modo,

---

114. Romanos 1:1
115. Gálatas 1:19
116. Hechos 14:14
117. Romanos 16:7
118. Romanos 16:7. Los primeros manuscritos le dan a Junías la terminación femenina Junia. Esto sugiere que probablemente hubo al menos una apóstol mujer en el Nuevo Testamento.
119. 1 Tesalonicenses 1:1; 2:7
120. 1 Tesalonicenses 1:1; 2:7
121. Hechos 15:19-23

todos llegaremos a la unidad de la fe y del conocimiento del Hijo de Dios, a una humanidad perfecta que se conforme a la plena estatura de Cristo».[122]

¿Quién puede dudar de que la obra de Hudson Taylor, en China; la de David Livingstone, en África; la de E. Stanley Jones, en India y la de Bruce Olsen, en Sudamérica califiquen como apostólicas? Ellos implementaron el cristianismo donde antes no tenía presencia y dejaron triunfos espirituales perdurables. La iglesia sigue necesitando este don del Espíritu hasta que Cristo regrese para resumir la historia terrenal.

Ayuda

Servir desinteresadamente al necesitado a través de ministerios de servicio práctico.[123]

El sustantivo griego *antilapsis* significa «ayudar» o «apoyar». En 1 Corintios, la palabra se refiere especialmente a ayudar a los desvalidos y necesitados. Diferentes versiones de la Biblia hablan de este don del Espíritu Santo como «los que ayudan a los demás», «los ayudadores» y «la capacidad de ayudar a los demás». La palabra aparece, por ejemplo, en 1 Tesalonicenses: «Hermanos, también les rogamos que amonesten a los holgazanes, estimulen a los desanimados, ayuden a los débiles y sean pacientes con todos».[124] La palabra aparece en Hechos, donde el apóstol Pablo enseñaba a los ancianos, en Éfeso: «Con mi ejemplo les he mostrado que es preciso trabajar duro para ayudar a los necesitados,

---

122. Efesios 4:11-13
123. 1 Corintios 12:28
124. 1 Tesalonicenses 5:14

recordando las palabras del Señor Jesús: "Hay más dicha en dar que en recibir"».[125]

El don de ayuda, principalmente, tiene que ver con aliviar las necesidades prácticas de los pobres, los débiles y las personas oprimidas. En el libro de Hechos, leemos sobre una mujer llamada Dorcas que «se esmeraba en hacer buenas obras y en ayudar a los pobres».[126]

Los que socorren ven formas de asistir a quienes llevan cargas pesadas y encuentran gozo en alcanzar a los necesitados con ayuda práctica. Se apegan a la máxima: «Cuando una persona es aplastada por el mundo, una onza de ayuda es mejor que una libra de prédica».

Aquellos que tienen este don no necesariamente siguen sirviendo a las mismas personas u organizaciones durante largos períodos; sin embargo, independientemente de sus circunstancias, se entregan a ayudar a las personas necesitadas. Siguen la enseñanza de Jesús: «Cuando des a los necesitados, que no se entere tu mano izquierda de lo que hace la derecha, para que tu limosna sea en secreto. Así tu Padre, que ve lo que se hace en secreto, te recompensará».[127] No esperan todo el tiempo alabanzas o reconocimiento por su labor importante. A veces, el mejor servicio proviene de manos no proclamadas, cuyo trabajo en la tierra nunca es reconocido o elogiado. En la eternidad, estas personas de buenas obras recibirán su recompensa, porque Jesús dijo: «Cualquiera que os diere un vaso de

---

125. Hechos 20:35
126. Hechos 9:36
127. Mateo 6:3-4

agua en mi nombre, porque sois de Cristo, de cierto os digo que no perderá su recompensa».[128]

Administración

Planificar metas, organizar y liderar a otros para trabajar armoniosamente con un propósito en común, en la obra de Dios.[129]

El sustantivo griego original *kubernatas* significa «timonel» o «gobernador». La forma verbal de la palabra significa «pilotear» o «dirigir». Los eruditos bíblicos traducen la palabra *kubernasis* como «gobiernos», «el que hace que los demás trabajen juntos», «administrador», «el poder de guiar a los demás», «esgrimidores de poder espiritual», «regidores» y «buenos líderes». Algunas personas se refieren a este don como «liderazgo».[130] Sin embargo, la administración reside en el centro de este don.

Todos los grupos de personas necesitan administración y responsabilidad. Dios le ha dado a la Iglesia líderes dotados que tienen el don de la administración. El Espíritu Santo faculta a los que tienen este don a reconocer las posibilidades en las personas y en las organizaciones y a conducirlos de formas efectivas. Este don se expresa en un buen juicio, un consejo adecuado, habilidades organizativas sabias y la capacidad de conducir a las personas. Como los que manejan un barco, ellos timonean al grupo a través de mares desafiantes, hasta el destino deseado.

---

128. Marcos 9:41 RVR 1960
129. 1 Corintios 12:28
130. Tal es la traducción de *kubernasis* en la New Living Translation de 1 Corintios 12:28.

Si bien los administradores eficientes escuchan las opiniones de los demás, a veces, tienen que hacer lo correcto y no lo que es popular o lo que conforma a las opiniones de la mayoría. En 1941, Winston Churchill dijo con humor a la Cámara de los Comunes de Inglaterra: «Veo que se dice que los líderes deben mantener sus oídos en el suelo. Todo lo que puedo decir es que a la nación británica le resultará muy difícil observar hacia arriba a los líderes que son detectados en esa postura algo torpe». Cuanta más responsabilidad de liderazgo se tiene, más se debe orar, apegarse estrechamente a los principios bíblicos y obedecer la guía de Dios. Con frecuencia, los líderes deben reunir el valor de seguir a Dios, en lugar de rendirse a las clamorosas exigencias de las personas que no son sabias o que tienen un entusiasmo emocional.

Por supuesto, el grupo debe hacer que el líder sea responsable de apegarse firmemente a los principios enseñados en las Escrituras. Los malos líderes pueden florecer solo si sus seguidores lo permiten. El autor estadounidense Bayard Taylor (1825-78) escribió un poema perceptivo sobre el liderazgo, llamado «Dominio propio». En esa composición, él dijo:

El que lidera primero debe ser liderado;
el que es amado primero debe ser capaz de amar.
Más allá de lo máximo que recibe, el que sostiene
el cetro de poder primero debe haberse postrado
y al ser honrado, honrar lo que está arriba;
esto lo saben los hombres que le dejan sus nombres al mundo.[131]

---

131. *Masterpieces of Religious Verse* [Obras maestras de versículos religiosos], compilado por James Dalton Morrison, Nueva York, Harper & Brothers, 1948, p. 303.

El Nuevo Testamento ordena a los líderes a adherir a las normas éticas más elevadas y a demostrar una conducta moral incólume. Tito, en el Nuevo Testamento, tenía este don espiritual. San Pablo lo dejó en Creta «para que corrigieses lo deficiente, y establecieses ancianos en cada ciudad, así como yo te mandé».[132] El don de la administración permite que los líderes sirvan efectivamente en diversas organizaciones, incluyendo iglesias, escuelas, hospitales, agencias de misión. Los obreros de fábricas, los estudiantes, los entrenadores, los constructores de casas y las personas de negocios y profesionales también pueden tener este don. Hoy la iglesia necesita dichos líderes ungidos por Dios.

Evangelismo

Habilidad especial para comprender la grave condición de los inconversos y guiarlos a entregar sus vidas a Jesucristo como su Salvador.[133]

La palabra griega *euangelistas* significa «un mensajero de buenas noticias», «alguien que trae buenas nuevas», o «un evangelista». El don del evangelismo es la capacidad otorgada por el Espíritu para compartir el evangelio cristiano con claridad y convicción; equipa a los cristianos para ganar a otras personas para Cristo, hablando públicamente, escribiendo o por medio de una conversación personal. El contenido del mensaje de un evangelista es el *euangelion*, que significa «evangelio» o «buenas nuevas».

---

132. Tito 1:5 - RVR 1960
133. Efesios 4:11

Este don permite que algunos cristianos sobresalgan en el evangelismo personal, pero no en la prédica evangelística. Otros ganan muchos para Cristo a través de esta, pero no de aquel. Otros más sobresalen en ambas formas del evangelismo. Dios llama a algunos cristianos a la escritura evangelística. Y es increíble el poder de una vida recta y santa.

El éxito del evangelismo no depende de nuestros esfuerzos, sino de la obra de Dios a través del Espíritu Santo. Usar modas, promesas bíblicas o técnicas de manipulación es innecesario y confuso. Todas las genuinas conversiones a Cristo provienen de la obra de Dios. El Evangelio de Juan nos dice: «Los cuales no son engendrados de sangre, ni de voluntad de carne, ni de voluntad de varón, sino de Dios».[134] Este don espiritual, como todos los demás, no es una mera aptitud humana, sino una habilitación divina.

Los que tienen este don espiritual no pueden dejar de pensar en los perdidos que se acercan al juicio final de Dios sin conocer la salvación, y tienen la preocupación avasalladora de traerlos a Jesucristo para que lo acepten como Salvador y Señor. No llama la atención a nadie la forma en que exaltan a Jesucristo y apuntan a su muerte de sacrificio por los pecadores. Las personas pueden convertirse al cristianismo solo si otros los presentan a Jesucristo. Los profetas apuntan al camino; los maestros lo explican; los pastores conducen a los demás por él y los evangelistas se centran en traer gente a él.

---

134. Juan 1:13 - RVR 1960

Pastoreo

Liderar y servir a otros a través de la tarea-ministerio de enseñar, guiar y nutrir para llevar al cristiano a la madurez y a la semejanza de Cristo.[135]

La palabra griega original *poiman* significa «pastor». El Nuevo Testamento la usa de tres maneras:

El uso común de la palabra se refiere a los que cuidan rebaños. Por ejemplo, uno de los hijos de Adán y Eva fue Abel, que era pastor.[136] En el Nuevo Testamento leemos: «Había pastores en la misma región, que velaban y guardaban las vigilias de la noche sobre su rebaño».[137]

Así como también es el lugar común del uso de la palabra, el Nuevo Testamento emplea «pastor» para referirse a Cristo. Pedro lo llamó «pastor y guardián» de nuestras almas.[138] El autor de Hebreos habla de Jesús como un pastor, en una bendición citada con frecuencia: «El Dios que da la paz levantó de entre los muertos al gran Pastor de las ovejas, a nuestro Señor Jesús, por la sangre del pacto eterno. Que él los capacite en todo lo bueno para hacer su voluntad. Y que, por medio de Jesucristo, Dios cumpla en nosotros lo que le agrada. A él sea la gloria por los siglos de los siglos».[139]

Un tercer uso del Nuevo Testamento de este término es para un pastor que preside y maneja una comunidad cristiana. San Pablo considera al pastor como alguien que «pastorea»

---

135. Efesios 4:11
136. Génesis 4:2
137. Lucas 2:8 - RVR 1960
138. 1 Pedro 2:25. Las escrituras también se refieren a Cristo como pastor en Mateo 26:31, Marcos 14:27; Juan 10:11; 14:16; Hebreos 13:20. El Antiguo Testamento también se refiere al Señor como Pastor (Salmo 23:1).
139. Hebreos 13:20-21

un rebaño. Todos los pastores genuinos son asistentes del «Gran Pastor de ovejas», Jesucristo.[140] Y los verdaderos pastores están dispuestos a dejar sus vidas por las ovejas.[141]

Uno de los papeles principales de un pastor es enseñar. En Efesios 4:11, San Pablo vincula estrechamente esta idea. Uno puede tener el don de la enseñanza sin el del pastoreo; sin embargo, los pastores deben tener el don de la enseñanza. Pueden enseñar sin pastorear una iglesia, pero no pueden pastorear sin enseñar. Cualquier pastor verdadero debe enseñar a los demás la palabra de Dios. De hecho, enseñar y predicar la palabra de Dios es el principal deber del pastor. El Nuevo Testamento hace que el pastor sea responsable de enseñarles a los demás a seguir a Cristo, el Gran Pastor. Usa el término «anciano» y «obispo» para describir a los pastores. Ellos son responsables de proteger, alimentar y guiar al rebaño que Dios les ha confiado. Estas tareas importantes requieren que el poder del Espíritu Santo fluya a través del don del pastoreo. Para ejercerlo, no se necesita una ordenación ni un cargo pastoral. Muchos legos hacen el trabajo de un pastor. Un adolescente, por ejemplo, puede cuidar a sus compañeros de clase y ayudar a guiarlos. Un obrero de una fábrica puede pastorear a un grupo de amigos y compañeros de trabajo. Un ama de casa puede pastorear a mujeres más jóvenes enseñándoles, elevándolas y guiándolas. Los directores de jóvenes, los maestros de la escuela dominical y los oficinistas pueden servir como pastores, y lo hacen, entre aquellos a quienes sirven. Los pastores ordenados pueden usar la ayuda pastoral

---

140. Hechos 20:28
141. Juan 10:11

de legos, en la iglesia, que también tienen este don. Sabio es el pastor que los reconoce y trabaja con ellos.

El Nuevo Testamento insiste en que los que tienen el don del pastoreo lleven vidas incorruptibles caracterizadas por la pureza y la madurez. Ellos deben ver en ti «un ejemplo a seguir en la manera de hablar, en la conducta, y en amor, fe y pureza».[142] San Pablo le escribió a Tito: «Porque es necesario que el obispo sea irreprensible, como administrador de Dios; no soberbio, no iracundo, no dado al vino, no pendenciero, no codicioso de ganancias deshonestas». Dios convoca a los pastores a ser «amantes de lo bueno, sobrio, justo, santo, dueño de sí mismo».[143]

Comentario de conclusión

Todos estos dones del Espíritu del Nuevo Testamento continúan actualmente. Dios los distribuye a los cristianos, para edificar el cuerpo de Cristo y el apóstol Pablo dice que «todos llegaremos a la unidad de la fe y del conocimiento del Hijo de Dios, a una humanidad perfecta que se conforme a la plena estatura de Cristo».[144] El reino de Dios se volverá más rico y más pleno, si usted contribuye con sus ministerios personales a través de los dones espirituales que Dios, por su gracia, le brinda. Conocer y usar sus *charismata* tiende los cimientos para una vida productiva, que trae recompensas ahora y para siempre.

---

142. 1 Timoteo 4:12
143. Tito 1:7-9 RVR 1960
144. Efesios 4:13

4

Discernir las distinciones

«*En cuanto a los dones espirituales, hermanos, quiero que entiendan bien este asunto*»[1]

Así escribió el apóstol Pablo. Hoy, enfrentamos los mismos desafíos que los cristianos del siglo I. Sin embargo, tanto en nuestra época como en la de Pablo, siguen subsistiendo la ignorancia, la confusión y la duda. Podemos comparar estos obstáculos a una soga enredada de barrilete, que limita nuestra capacidad de guiarlo con el viento. Este capítulo analiza tres enredos que a veces nos retardan.

Si los dones espirituales son iguales que el fruto del Espíritu

Los cristianos, a veces, confunden los *dones* con los *frutos* espirituales. Estas dos obras de Dios son diferentes. En su carta a los cristianos en Gálata, San Pablo enumera el fruto del Espíritu como amor, alegría, paz, paciencia, amabilidad, bondad, fidelidad, humildad y dominio propio.[2] Los frutos espirituales son *virtudes morales* que definen la

---

1. 1 Corintios 12:1
2. Gálatas 5:22-23

moralidad, madurez y semejanza a Cristo. La evidencia de estas cualidades en nuestras vidas apunta a nuestra creciente madurez como discípulos del Señor viviente.

En contraste, los dones espirituales no son virtudes morales: son dotes de Dios de poder espiritual y capacidad sobrenatural. Si el fruto espiritual tiene que ver con el *carácter*, los dones espirituales se relacionan con el *servicio*. Si los frutos espirituales tienen que ver con quiénes *somos*, los dones espirituales tienen que ver con qué *hacemos*. Los dones espirituales son las herramientas y las capacidades investidas por el Espíritu que Dios nos otorga para ministrar y servir. Por ejemplo, el don de la enseñanza no es una virtud moral, sino una unción de Dios que nos permite enseñar la verdad de Dios de maneras que no son posibles únicamente con el talento natural.

Podemos resumir las diferencias entre los dones espirituales y el fruto espiritual en el cuadro siguiente.

Fruto espiritual

- Dios propone para todos los cristianos el fruto del Espíritu.
- El fruto espiritual demuestra carácter y santidad.
- Los cristianos pueden esperar *todos* los frutos del Espíritu.
- Todo fruto del espíritu es esencial.
- No se puede abusar del fruto del espíritu. Este conduce a la unidad.

Dones espirituales

- Dios propone dones diferentes para diferentes cristianos.
- Los dones espirituales permiten el ministerio y el servicio.
- Los cristianos pueden esperar *algunos* de los dones espirituales.
- Algunos dones son más esenciales que otros.
- Se puede abusar de los dones espirituales y conducir a la rivalidad y a la división.

Si los dones espirituales son iguales que los talentos humanos o las habilidades desarrolladas

Algunos cristianos confunden los dones del Espíritu Santo con las aptitudes naturales de cierta competencia aprendida. Los talentos humanos y las pericias desarrolladas son, por supuesto, cualidades admirables; pero las capacidades innatas pueden obrar sin que confiemos en el Espíritu Santo. Las personas talentosas pueden lograr proezas impresionantes. De vez en cuando, pueden ganar algo, inventar herramientas útiles, pintar retratos hermosos, componer canciones conmovedoras, atraer votos o diseñar bellos edificios.

A veces, sin embargo, los logros humanos pueden hacer más daño que bien. Los que confían en sus capacidades naturales no pueden alcanzar su potencial más elevado ni disfrutar de las bendiciones plenas de Dios. Las tareas humanas, tan chispeantes e impresionantes como podrían ser, no bastan por sí mismas para construir el reino de Dios u obtener su aprobación.

Por lo menos, seis diferencias resumen las distinciones entre los talentos humanos y los dones espirituales.

Talentos y capacidades humanos

- Heredamos talentos humanos al nacer.
- Los talentos humanos son naturales y provienen de nuestros padres y ancestros.
- Todas las personas tienen talentos y capacidades naturales.
- La capacidad humana puede funcionar apartada del Espíritu Santo.
- La tarea humana glorifica a las personas.
- Las capacidades humanas obran en el nivel natural y traen resultados transitorios.

Los dones del Espíritu Santo

- Recibimos dones espirituales en el nuevo nacimiento.
- Los dones espirituales son sobrenaturales y provienen del Espíritu Santo.
- Solo los cristianos reciben los dones del Espíritu.
- Los dones del Espíritu no pueden fluir libremente sin el Espíritu Santo.
- Los dones espirituales glorifican a Dios.

DISCERNIR LAS DISTINCIONES

- Los dones espirituales obran en un plano sobrenatural y traen resultados eternos.

Una soprano talentosa con capacidades naturales poco comunes puede deleitar a miles de escuchas admirados y ganarse el aplauso de los críticos musicales. Sin embargo, tales talentos humanos no son dones espirituales. Para estar seguros, los cristianos deben desarrollar sus talentos naturales. Dios puede usarlos y lo hace. No obstante, sin dones espirituales no podemos ministrar en el nivel necesario para hacer la obra del reino de Dios. Suponga, por ejemplo, que la talentosa soprano tuviera el don del evangelismo. Con su ministerio del canto ella podría convertirse en un instrumento para atraer a muchas personas a la fe en Jesucristo.

A veces, una persona con talento natural puede también tener el don espiritual en la misma vena. Por ejemplo, una persona con habilidades del habla también puede tener el don de la profecía. En tales casos, Dios intensifica una capacidad natural elevándola al nivel más alto de un don espiritual. Al mismo tiempo, la persona más improbable podría recibir un don espiritual que no hubiésemos esperado. Moisés era «tardo en el habla y torpe de lengua». Sin embargo, Dios lo dotó para conducir al pueblo hebreo de la esclavitud egipcia a la Tierra Prometida y para entregar los Diez Mandamientos de Dios al pueblo.

Los que pueden carecer de capacidades humanas importantes pueden llevar adelante poderosas acciones, si Dios obra a través de ellos por medio de su Espíritu. Por ejemplo, un piano en sí mismo no puede producir música. La melodía solo llega cuando las manos de un experto controlan el instrumento. Jesús dijo: «Yo soy la vid y ustedes son las ramas. El que permanece en mí, como yo en él, dará mucho fruto; separados de mí no pueden ustedes hacer nada».[3] El profeta Zacarías declaró el mensaje eterno de Dios: «Esta es la palabra del Señor... No será por la fuerza ni por ningún poder, sino por mi Espíritu, dice el Señor Todopoderoso».[4]

Nuestros talentos y dones espirituales provienen de Dios, y él usa ambos. Las capacidades artísticas, musicales, quirúrgicas, mecánicas, estéticas e intelectuales tienen su fuente en Dios, el Creador. Santiago nos recuerda: «Toda buena dádiva y todo don perfecto descienden de lo alto, donde está el Padre».[5] (Aquí, para «don» Santiago usa la palabra *dorama*, no *charisma*). Aun así, para la obra cristiana, el Nuevo Testamento enfatiza la necesidad de dones espirituales. Puesto que estos dones tienen respaldo bíblico, provienen del Espíritu Santo y se concentran en los ministerios más importantes de la iglesia, hacemos bien en prestarles atención.

Si los rasgos personales, las gracias especiales, los cargos de la iglesia y los ministerios religiosos son dones del Espíritu Santo

Algunos maestros confunden los dones espirituales con características de la personalidad. Un disertante, en una conferencia, dijo: «Creo que hay cientos de dones espirituales tales como ser amistoso, mantenerse serio, tener sentido del

---

3. Juan 15:5
4. Zacarías 4:6
5. Santiago 1:17

humor, jugar al tenis, buscar gangas al comprar y favorecer más a los perros que a los gatos». El disertante siguió para afirmar que él tenía el don espiritual de ser un extrovertido, que su esposa tenía el don espiritual de ser hermosa y que su hija tenía el don espiritual de saber comprar.

Las cualidades de «ser amistoso», «ser serio» y «ser frugal» no son dones espirituales. Además, el ser introvertidos o extrovertidos no determina nuestros dones espirituales. Algunos que tienen el don del evangelismo irradian personalidades extrovertidas; otros con el mismo don proyectan rasgos tranquilos de comportamiento. Algunos que tienen el don de la administración difunden humor. Otros, con personalidades calmas, son igualmente dotados y eficientes. Los dones espirituales son los mismos, pero los temperamentos difieren.

Una maestra con buenas intenciones escribió que los dones espirituales incluyen «sufrir», «pobreza voluntaria», «humor», «habilidad con las manos», «música del Espíritu», «oración», «celibato», «hospitalidad» y «batalla». Otro autor incluye en su lista de dones espirituales rasgos tales como «ser amistoso», «optimismo», «alegría», «persistencia», «frugalidad», «generosidad», «prolijidad al vestir» y «habilidades de venta». Estas disposiciones, ministerios y características dan evidencia de la ayuda de Dios para el diario vivir. Sin embargo, no son dones del Espíritu del Nuevo Testamento.

Si los dones espirituales no son rasgos de la personalidad, tampoco son *gracias* espirituales. Ejemplos de gracias espirituales incluyen el martirio, sufrir una severa persecución, vivir en el deseo extremo y un llamado para una vida célibe.

Los cristianos a los que Dios permite morir como mártires, sufrir deseos o pasar sus vidas en un monasterio o convento reciben la gracia espiritual de hacerlo. Sin embargo, estas gracias no son dones espirituales. En cambio, son unciones especiales de Dios para circunstancias inusuales.

A veces, las personas confunden la diferencia entre dones espirituales, títulos oficiales y cargos. Una maestra bien intencionada anunció: «Uno de los dones espirituales importantes es ser director de coro». Un cargo —incluso, en la iglesia— no es un don espiritual. Una posición tal como director del coro, gerente de negocios o arzobispo apunta al ministerio que uno tiene. Por supuesto, puede suceder que uno que tiene el cargo de pastor no tenga el don de pastoreo. También hay personas que tienen responsabilidades de enseñanza, pero que carecen del don de enseñar; así como es cierto que algunos lo tienen y no ocupan un cargo de enseñanza en la iglesia. O alguien podría tener el don de la administración sin desempeñar un cargo administrativo. El tema que nos ocupa es que un cargo no es un don, y un don no es un cargo.

Finalmente, el ministerio de uno, la vocación o el llamado tampoco es un don espiritual. Un disertante de una conferencia dijo: «Creo que necesitamos más personas con los dones espirituales de un poeta, mecánico, entrenador, artista y experto en computación». Leí a un autor que sostenía que los dones espirituales incluían «hablar en público, orar, acomodar, tocar el violín, entrenar en deportes, cocinar y tipiar». Una mujer me contó que su don espiritual era «pasear a su perro». Otra persona me dijo, seria: «Mi don espiritual es cocinar pasteles». Un hombre en una gran ciudad dijo que su don espiritual era ser alcalde. Los ministerios, los servicios y las carreras son importantes, pero no son los dones espirituales del Nuevo Testamento.

Uno podría tener un llamado para —digamos— entrenar, cocinar, enseñar a jugar al tenis o cuidar la tierra. Esos ministerios son necesarios, pero no son dones espirituales. Los dones de la enseñanza y la exhortación podrían fluir a través del ministerio de ser entrenador. Los dones de servicio y dar ayuda podrían conducir a un ministerio de supervisar cenas en la iglesia. Los dones de evangelismo, de enseñar y de palabra de sabiduría podrían acompañar el ministerio de enseñar a jugar al tenis o cuidar la tierra. Estas vocaciones o llamados son ministerios, a través de los cuales los dones espirituales encuentran su expresión.

Este capítulo ha tratado varias distinciones necesarias. Hemos visto que no debemos confundir los dones del Espíritu con el fruto del Espíritu. También vimos que los dones espirituales difieren de los talentos naturales; y debemos distinguirlos, además, de los rasgos de la personalidad, las gracias especiales, los cargos y los ministerios. Por supuesto, es mejor tener un buen corazón que buenas opiniones. Pero, afortunadamente, no necesitamos cambiar uno o lo otro. Con la ayuda de Dios, podemos luchar por vivir correctamente y por pensar correctamente.

5

Dirigir el enfoque

La enseñanza del Nuevo Testamento sobre los dones del Espíritu Santo produce siete principios. A veces, los autores bíblicos los enseñan de forma directa y otras, los vemos indirectamente. Estas normas de guía no provienen solo de uno o dos versículos de las Escrituras, sino que aparecen en varios libros del Nuevo Testamento escritos por diferentes autores. Las pautas que figuran en este capítulo se aplican a todos los dones espirituales. Los *charismata* continúan en nuestros días, y los siguientes ejemplos bíblicos permanecen relevantes.

Todos los cristianos tienen dones espirituales

En primer lugar, Dios dota a todos los cristianos con uno o más de los *charismata*. Escribiéndole a la iglesia corintia sobre los dones espirituales, San Pablo afirmó que «a cada uno se le da una manifestación especial del Espíritu para el bien de los demás».[1] Puesto que Dios otorga dones espirituales a cada uno de los seguidores de Cristo, no existen cristianos «sin dones».

Tampoco Dios retiene determinados dones respecto de las

---

1. 1 Corintios 12:7

personas, sobre la base de su educación, posición, denominación o inteligencia. Ya sean hombres o mujeres, legos o clérigos, ordenados o no ordenados, todos los cristianos son beneficiarios de los dones de Dios. Ningún cristiano posee todos los dones del espíritu, pero todo cristiano tiene, por lo menos, uno. Dios, con frecuencia, inviste a las personas con varias de estas capacidades extraordinarias. Todos los cristianos tienen dones espirituales; algunos, no los conocen; otros, sí, pero no los utilizan; y unos pocos los usan mal.

Pablo le recordó a la iglesia de Roma: «Tenemos dones diferentes, según la gracia que se nos ha dado».[2] En otro lugar, Pablo enseñó: «Ahora bien, hay diversos dones, pero un mismo Espíritu... Ahora bien, el cuerpo no consta de un solo miembro sino de muchos».[3] Puesto que nuestros dones complementan a los de otros cristianos, cada uno es importante para la comunidad de creyentes cristianos.

No podemos ganar los dones de Dios mediante dinero o medios políticos. Dios nos los da debido a su gracia. En ningún lugar el Nuevo Testamento especifica que podemos recibir un don espiritual, exigiéndolo. El libro de Hechos cuenta la historia de un pagano llamado Simón el mago, que quería comprar el poder de Dios. El apóstol Pedro lo regañó: «¡Que tu dinero perezca contigo porque intentaste comprar el don de Dios con dinero!».[4]

---

2. Romanos 12:6
3. 1 Corintios 12:4, 8-10, 14
4. Hechos 8:20

Por cierto, uno puede pedir un don específico. Las Escrituras nos alientan a aspirar a ciertos dones, pero *desear* e *insistir* no es lo mismo. A veces, Dios no nos otorga el don que queremos; otras, sí. Él puede sorprenderlo con dones en los que nunca pensó ni los pidió. Sí sabemos que Dios quiere que descubramos y usemos los dones espirituales que él tiene planeados para nosotros. San Pablo alentó a la iglesia de Corinto: «Ambicionen los dones espirituales».[5] Al permanecer totalmente abiertos al Dador de los dones, divisaremos los dones del Dador.

Si todos los cristianos descubrieran sus dones espirituales y los ejercieran fielmente, Dios vertería maravillosas bendiciones sobre la Iglesia, pues su plan es obrar a través de nosotros para cambiar el mundo. Cuando los individuos y las congregaciones se despiertan al poder del Espíritu Santo, la comunidad cristiana comienza a moverse más rápidamente para cumplir con su comisión de hacer discípulos de todas las naciones. Cada cristiano es importante para el funcionamiento adecuado del cuerpo mundial de Cristo. Y cada uno de nosotros puede hacer su aporte máximo al descubrir sus dones espirituales.

Dios nos da dones espirituales fuera del merecimiento humano

En segundo lugar, no nos ganamos ni merecemos los dones de Dios. No tenemos más poder para producir dones espirituales que para salvarnos. Santiago escribió: «Toda buena

---

5. 1 Corintios 14:1

dádiva y todo don perfecto descienden de lo alto, donde está el Padre».[5] *Cristo* construye la Iglesia y es él quien la equipa para cada buena obra.[7] El apóstol Pedro escribió: «Cada uno ponga al servicio de los demás el don que haya recibido, administrando fielmente la gracia de Dios en sus diversas formas».[8]

Si bien Dios nos otorga dones espirituales sin que los merezcamos o nos los ganemos, él espera que los recibamos. Debemos cooperar con Dios. Él toma la iniciativa y espera que nosotros respondamos. Pablo escribió: «Lleven a cabo su salvación con temor y temblor, pues Dios es quien produce en ustedes tanto el querer como el hacer para que se cumpla su buena voluntad».[9] Dios hace su parte, y nosotros debemos hacer la nuestra.

Dios ha ordenado que formemos parte de su obra en la tierra. George Eliot escribió un poema conmovedor, «Stradivarius», que contiene los siguientes versos:

> Tu alma fue elevada por las alas hoy día
> Oyendo al maestro del violín:
> Tú lo alabaste, alabaste también al gran Sebastián [Bach]
> Que compuso esa hermosa Chacona; pero, ¿pensaste en
> El viejo Antonio Stradivari?, en él
> Que hace más de un buen siglo y medio
> Colocó su verdadero trabajo en ese instrumento café

---

6. Santiago 1:17
7. Mateo 16:18; 2 Timoteo 2:21
8. 1 Pedro 4:10
9. Filipenses 2:12-13

Y por el hermoso ajuste de su estructura
Le dio una vida de respuesta, constante
Con los dedos del maestro y los perfeccionó
Mediante una rectitud delicada del uso...
No digo que Dios mismo puede hacer lo mejor de un hombre
Sin que los mejores hombres lo ayuden...
Es Dios el que da la habilidad,
Pero no sin las manos de los hombres: Él no pudo haber hecho los violines de Antonio Stradivari
Sin Antonio. Toma tu atril.[10]

Dios sabe dónde y cómo cada cristiano encajará en su plan maestro. Cuando los cristianos se entregan con humildad y agradecimiento al propósito de Dios, hallan satisfacción, alcanzan su potencial, traen unidad a la iglesia y obtienen recompensas eternas. Al final, todos nuestros beneficios provienen no, del mérito o del esfuerzo humano, sino de la gracia y bondad de Dios.

Dios otorga y administra estos dones de acuerdo con su voluntad perfecta

En tercer lugar, Dios distribuye sus dones con sabiduría soberana. Él asigna los *charismata* de acuerdo con su voluntad; no, con los deseos o exigencias humanos. El Espíritu Santo reparte estos dones a cada uno, «según él lo determina».[11]

---

10. George Eliot, "Stradivarius", *Complete Poems of George Eliot* [Poemas completos de George Eliot] (Boston: Estes and Lauriad, n.d.), pp. 398-402.
11. 1 Corintios 12:11

LOS DONES DEL ESPÍRITU SANTO EN EL NUEVO TESTAMENTO

El libro de Hebreos dice que Dios se revela a sí mismo por medio de «señales, prodigios, diversos milagros y dones distribuidos por el Espíritu Santo según su voluntad».[12]

No somos lo suficientemente sabios o fuertes para distribuir los dones del Espíritu de acuerdo con nuestras propias preferencias. No son los dones de su iglesia, denominación, padres ni líderes. Nos llegan como dones del Espíritu Santo, y él solo los comparte, de acuerdo con su sabiduría y voluntad. Jesús subraya la soberanía del Espíritu Santo: «El viento sopla por donde quiere, y lo oyes silbar, aunque ignoras de dónde viene y a dónde va. Lo mismo pasa con todo el que nace del Espíritu».[13]

Debemos recibir con humildad y agradecimiento el don o los dones que Dios nos asigna. Sería muy ingrato decir: «No me gustan los dones espirituales que Dios me dio, y quiero cambiarlos por otros. Quiero ser así y así, para tener sus éxitos». Dios nos da gracia con dones perfectamente adecuados para nosotros, que pueden ayudarnos a servir en una forma pública y prominente o en ministerios anónimos y no reconocidos.

Dios nos usa como los carpinteros usan las herramientas. Las sierras cortan tablones; los martillos clavan clavos; las lijas alisan las superficies; los taladros hacen agujeros; las reglas miden dimensiones. Todo miembro del cuerpo es fundamental para su salud y su funcionamiento correcto. Pablo escribió: «Mas ahora Dios ha colocado los miembros cada uno de ellos en el cuerpo, como él quiso. Porque si todos fueran

---

12. Hebreos 2:4
13. Juan 3:8

un solo miembro, ¿dónde estaría el cuerpo? Pero ahora son muchos los miembros, pero el cuerpo es uno solo. Ni el ojo puede decir a la mano: No te necesito, ni tampoco la cabeza a los pies: No tengo necesidad de vosotros».[14] Dios, el sabio dador de dones, conoce cuáles nos van mejor. No hay lugar para actitudes de orgullo ni sentimientos de inferioridad.

En 1784 John Wesley preparó un servicio de pacto para los que querían servir a Dios con todo su corazón, alma, mente y fuerza. Esta liturgia contiene la siguiente oración de compromiso:

> Cristo tiene muchos servicios que hay que hacer; algunos son fáciles, otros son difíciles; algunos dan honor, otros traen reproche; algunos son adecuados para nuestras inclinaciones naturales e intereses temporales, otros son contrarios a ambos. En algunos podemos complacer a Cristo y a nosotros mismos; en otros no podemos complacer a Cristo, salvo negándonos. Sin embargo, el poder de hacer todas estas cosas seguramente se nos da en Cristo, quien nos fortalece...
> Yo ya no soy mío, sino tuyo. Hazme hacer lo que tú quieras, ponme con quien tú quieras; hazme hacer, hazme sufrir; déjame ser usado por ti o dejado de lado por ti, exaltado por ti o humillado por ti; déjame tener todas las cosas, déjame no tener nada; libre y de corazón entrego todas las cosas a tu placer y disposición...Y el pacto que he hecho en la tierra, haz que se ratifique en el cielo. Amén.[15]

---

14. 1 Corintios 12:18-21 – RVR 1960
15. *The Methodist Book of Worship for Church and Home* [El libro de adoración metodista para la iglesia y el hogar], The Methodist Publishing House, 1944, pp.52-53.

Las Escrituras nos convocan gozosamente a recibir los dones espirituales de Dios y a usarlos en ministerio para los demás. Dios nos hizo a cada uno de nosotros con una personalidad única.[16] Esa verdad hace que cada uno sea singular, especial y valioso. Dios nos otorga sus *charismata* por gracia y, al seguir a Cristo, el Espíritu Santo providencialmente nos abre oportunidades para usar nuestros dones para Dios y para los demás.

Dios otorga dones para el ministerio y el servicio

En cuarto lugar, Dios nos otorga dones no, para satisfacer nuestra curiosidad ni para alimentar nuestros egos, sino para equiparnos para el servicio y el ministerio. Las Escrituras nos dicen que «a cada uno se le da una manifestación especial del Espíritu para el bien de los demás».[17] Existe un vínculo importante entre nuestros dones y nuestro servicio. El apóstol Pedro escribió: «Cada uno ponga al servicio de los demás el don que haya recibido».[18]

Pablo destiló el espíritu del servicio cristiano en su carta a la iglesia de los filipenses: «Nada hagáis por contienda o por vanagloria; antes bien con humildad, estimando cada uno a los demás como superiores a él mismo; no mirando cada uno por lo suyo propio, sino cada cual también por lo de los otros».[19] Martín Lutero escribió que los cristianos son

---

16. Salmo 139
17. 1 Corintios 12:7
18. 1 Pedro 4:10
19. Filipenses 2:3-4 – RVR 1960

los más libres de todos; pero, al mismo tiempo, «los siervos más obedientes de todos».

Es posible manejar mal o abusar de los dones que Dios nos da. El mal uso se da cuando los utilizamos para obtener poder personal, promover la gloria propia o buscar una ganancia financiera excesiva. Estos usos indignos de los dones espirituales ocasionan desunión entre los demás y derivan en un «ministerio» manchado.

Dios tiene la intención de que los dones espirituales unan el cuerpo de Cristo, nunca que lo dividan. Debemos ser «solícitos en guardar la unidad del Espíritu en el vínculo de la paz».[20] Jesús enseñó claramente: «el que quiera hacerse grande entre vosotros será vuestro servidor, y el que de vosotros quiera ser el primero, será siervo de todos».[21] Al llevar las cargas de los demás, nosotros «cumplimos la ley de Cristo».[22]

La Biblia se centra claramente en la santidad del corazón y la vida. Comenzando con el llamado de Dios a Abraham y continuando con la venida de Cristo, Dios promete «que, librados de nuestros enemigos, sin temor, le serviríamos en santidad y en justicia delante de él, todos nuestros días».[23] La convocatoria de Pedro a una vida santa se aplica a todos los discípulos de Jesús: «Como aquel que os llamó es santo, sed también vosotros santos en toda vuestra manera de vivir».[24] Todo lo demás debe avanzar hacia cumplir con ese propósito. La oración, el estudio bíblico, la autodisciplina, los ejercicios

---

20. Efesios 4:3
21. Marcos 10:43-44
22. Gálatas 6:2 – RVR 1960
23. Lucas 1:74-75 – RVR 1960
24. 1 Pedro 1:15 – RVR 1960

en la formación espiritual —y los dones del Espíritu— no son fines, sino medios hacia un fin.

Helen Keller contrajo fiebre a los diecinueve meses. La enfermedad destruyó tanto su oído como su vista. Con la ayuda de una maestra dedicada, llamada Anne Sullivan, Helen finalmente aprendió a hablar. Más tarde en la vida, la señorita Keller dijo: «Su éxito y felicidad reside en usted. Las condiciones externas son los accidentes de la vida». La gran realidad persistente son el amor y el servicio. Dios no otorga dones espirituales para que podamos ayudarnos unos a otros a tener vidas santas. «Porque la gracia de Dios se ha manifestado para salvación a todos los hombres», para los que creen, enseñándoles que «renunciando a la impiedad y a los deseos mundanos, vivamos en este siglo sobria, justa y piadosamente».[25]

Todo don es importante

Una antigua fábula cuenta la historia de algunos miembros no contentos de un cuerpo. Los ojos, los oídos, las manos y los pies se quejaban de que el estómago recibía todos los alimentos y no hacía nada a cambio. Los gruñones miembros del cuerpo acordaron negarle al estómago más comida. Sin embargo, a poco andar, estas partes descontentas del cuerpo se volvieron débiles y comenzaron a morirse de hambre. Reconocieron que el estómago era fundamental para su bienestar y restauraron su vínculo con él. De inmediato, el estómago comenzó a devolver nutrición a los ojos, los oídos, las manos y los pies. Nunca más los otros miembros del cuerpo se quejaron del estómago.

---

25. Tito 2:11-12 – RVR 1960

Los cristianos son miembros del cuerpo de Cristo, y los diferentes miembros sirven propósitos diferentes. Algunos ministerios son públicos y otros ministerios encajan más con el individuo. Algunos dones necesitan el empleo de palabras; otros se expresan mejor a través de obras; unos conducen a la alabanza pública, otros traen pocos elogios y aplausos. Sin embargo, todos los ministerios son esenciales. La Biblia no apoyaría a alguien que dijera: «Porque tengo este don, no soy importante». Ni tampoco justificaría a alguien que dijera: «Porque tengo este don, soy más importante que los demás». Dios nos hizo individualmente, y cada uno de nosotros tiene valoración y dignidad. En una orquesta, el flautín y el tímpano son complementos necesarios para los violines y las violas. En el plan de Dios, cada uno de nosotros necesita a todos nosotros. San Pablo enseñó que: «Somos un cuerpo, y un Espíritu, como fuisteis también llamados en una misma esperanza de vuestra vocación; un Señor, una fe, un bautismo, un Dios y Padre de todos, el cual es sobre todos, y por todos, y en todos. Pero a cada uno de nosotros fue dada la gracia conforme a la medida del don de Cristo».[26] Los cristianos pertenecen a un cuerpo.[27] Y Cristo es la cabeza de ese cuerpo.[28] Cada cristiano tiene ministerios importantes que realizar. Dar y recibir de los demás es tan importante como las partes del cuerpo humano trabajando armoniosamente.

Ocasionalmente oímos decir a alguien: «Puedo ser perfectamente un cristiano sin formar parte de la iglesia». Esa visión

---

26. Efesios 4:4-7 – RVR 1960
27. Romanos 12:5; 1 Corintios 10:17; Gálatas 3:2; Efesios 4:13
28. Juan 3:31; Romanos 14:9; Efesios 1:22; 4:15; 5:23; Colosenses 1:18; 2:19

refleja una filosofía secular de independencia humana. La visión bíblica no es de independencia, sino de interdependencia. Nosotros necesitamos a los demás y ellos nos necesitan a nosotros. Una vez, Dwight L. Moody y un caballero cristiano conversaban sobre la participación en la iglesia. El amigo de Moody dijo: «Puedo ser un buen cristiano sin ir nunca a la iglesia ni tener amigos cristianos». Sin responderle, Moody se levantó, quitó un trozo de leña de la chimenea y la apartó sobre el hogar. Los dos amigos observaron en silencio, mientras el leño, pronto, dejó de arder.

Dios nos hace responsables de descubrir y usar nuestros dones espirituales

Las Escrituras enseñan que responderemos ante Dios por nuestra administración de sus dones. Luego de enumerar algunos de los *charismata,* el apóstol Pablo agregó: «En lo que requiere diligencia, no perezosos; fervientes en espíritu, sirviendo al Señor».[29] San Pablo le escribió a Timoteo: «Por lo cual te aconsejo que avives el fuego del don de Dios que está en ti... Porque no nos ha dado Dios espíritu de cobardía, sino de poder, de amor y de dominio propio».[30] La parábola de los talentos no deja duda de que Dios espera de nosotros que seamos fiel reflejo de lo que él nos ha dado.[31] El estadista estadounidense del siglo XIX Daniel Webster dijo: «El pensamiento más importante que he tenido jamás fue el de mi responsabilidad individual ante Dios».

---

29. Romanos 12:11
30. 2 Timoteo 1:6-7 – RVR 1960
31. Mateo 25:14-30 – RVR 1960

En 1563, luego de la Reforma Protestante del siglo XVI, los protestantes de Europa crearon el Catecismo Heidelberg. Este breve manual de doctrina cristiana enunciaba importantes enseñanzas. La pregunta número 55 dice: «¿Qué comprende por la comunión de los santos?». La respuesta prescripta declara: «Creyentes... participen en el Espíritu Santo y en todos sus tesoros y dones... Cada uno debe sentirse obligado a usar sus dones, dispuesto y alegremente, para la ventaja y el bienestar de los demás miembros».[32] Con el transcurso de los años, la iglesia puede haber ignorado los dones espirituales, pero su uso responsable sigue siendo una parte importante de la tradición cristiana.

Jesús dijo: «Porque a todo aquel a quien se haya dado mucho, mucho se le demandará».[33] Independientemente de nuestros dones, debemos volvernos más efectivos a medida que pasan los años. Las Escrituras nos dicen que «es necesario que todos nosotros comparezcamos ante el tribunal de Cristo, para que cada uno reciba según lo que haya hecho mientras estaba en el cuerpo, sea bueno o sea malo».[34] Jesús aconsejó: «Así alumbre vuestra luz delante de los hombres, para que vean vuestras buenas obras, y glorifiquen a vuestro Padre que está en los cielos».[35]

El Espíritu Santo nunca nos convierte en personas pasivas. Él siempre permite que optemos. Diferimos de los objetos

---

32. *The Heidelberg Cathecism, The Creeds of Christendom* [El Catecismo Heidelberg. Los credos del cristianismo], 3 vol. Cuarta edición, compilada por Philip SCAF, Grand Rapids, Baker Book House, 1966, 3:325.
33. Lucas 12:48 – RVR 1960
34. 2 Corintios 5:10; Ver también Salmo 62:12; Jeremías 17:10; Mateo 16:27; 1 Pedro 1:17; Apocalipsis 20:12; 22:12
35. Mateo 5:16 – RVR 1960

inanimados. Las lámparas no tienen otra opción más que brillar cuando alguien activa el encendido eléctrico. Incluso los animales actúan principalmente por instinto; no, por opciones. Únicamente las personas pueden *optar*, y lo hacemos momento a momento. Elías les dijo a los antiguos israelitas: «¿Hasta cuándo van a seguir indecisos? Si el Dios verdadero es el Señor, deben seguirlo; pero si es Baal, síganlo a él».[36]

A veces, las personas dirán: «El Espíritu Santo me poseyó de una manera en que no tuve control sobre lo que estaba diciendo o lo que hice». Una vez vi el siguiente cartel en el frente de una iglesia: «CUANDO TRASPASE ESTAS PUERTAS, DEJE FUERA SU MENTE. VENGA A ADORAR AQUÍ Solo CON SU ESPÍRITU». Esta idea, aunque bien intencionada, está seriamente descaminada. Debemos recordar que Jesús dijo: «Ama al Señor tu Dios con todo tu corazón, con todo tu ser y con toda tu mente».[37]

El Espíritu Santo siempre obra en armonía con el espíritu humano. San Pablo muestra el vínculo entre la iniciativa de Dios y nuestra respuesta: «Pues Dios es quien produce en ustedes tanto el querer como el hacer para que se cumpla su buena voluntad».[38] Es sólidamente bíblico decir: *Sin Dios no podemos hacerlo y sin nosotros, Dios no lo hará.*

---

36. 1 Reyes 18:21
37. Mateo 22:37
38. Filipenses 2:13

El fruto del Espíritu —en especial, el amor— debe regular los dones espirituales

Las personas, con frecuencia, señalan que San Pablo ubicó el capítulo trece de 1 Corintios (sobre el amor) entre los que hablan de los dones. La primera iglesia de Corintio experimentaba todos los dones espirituales; pero la congregación era inmadura, tenía rivalidades y estaba dividida. Sus problemas incluían inmoralidad, juicios legales y camarillas. El desorden plagaba sus servicios de adoración, y su preocupación por las cosas triviales oscurecía los asuntos más importantes.

La carta de Pablo a esta iglesia se refiere a los miembros como niños espirituales. La congregación alardeaba de sus dones espirituales, pero penosamente carecían del fruto del Espíritu. Para resaltar el equilibrio necesario entre los dones espirituales y el fruto espiritual, San Pablo, estratégicamente, incorporó al capítulo 13 en medio de su tratamiento de los dones espirituales. Él escribió:

«Si hablo en lenguas humanas y angelicales, pero no tengo amor, no soy más que un metal que resuena o un platillo que hace ruido. Si tengo el don de profecía y entiendo todos los misterios y poseo todo conocimiento, y si tengo una fe que logra trasladar montañas, pero me falta el amor, no soy nada. Si reparto entre los pobres todo lo que poseo, y si entrego mi cuerpo para que lo consuman las llamas, pero no tengo amor, nada gano con eso».[39]

Estos versos refuerzan la verdad de que alguien podría tener varios dones del Espíritu, pero que sin amor no valen

---

39. 1 Corintios 13:1-3

más que un gong ruidoso. El fruto del Espíritu necesita de los dones del Espíritu para que actúen como canales de expresión práctica. Los dones del Espíritu necesitan del fruto del Espíritu para mantenerlos en un enfoque adecuado, para regularlos y para asemejarlos a Cristo.

Los siete principios tratados en este capítulo nos ayudan a comprender y a usar los dones espirituales que Dios nos da. Resumamos:

Dios otorga dones a todas las personas.

Él los da, los merezcamos o no.

Los entrega soberana y sabiamente.

Los otorga para permitirnos servir.

Cada don es importante y Dios nos hace responsables de nuestra administración de los dones. Finalmente, los dones espirituales deben equilibrarse con el fruto espiritual.

Estos principios ayudarán a dirigir nuestro enfoque y a conducirnos al gozo maduro del servicio a Dios.

6

Descubrir el premio

Este capítulo final se ocupa de descubrir sus dones espirituales. Observaremos un plan de acción que consta de cinco sugerencias útiles. Cada uno comienza con un verbo que puede servir como un paso práctico. Luego, cerraremos el libro con un inventario que le ayudará a conocer cuáles son sus dones espirituales.

1. Un plan de acción para buscadores serios

Hemos visto que Dios no nos hizo como instrumentos pasivos. La vida cristiana es una relación activa: Relaciones entre nosotros y Dios, y entre nosotros y los demás. Por supuesto que Dios da el primer paso hacia nosotros. Después de todo, él nos creó y, por eso, él espera que hagamos algo con nuestras vidas. Las siguientes sugerencias apuntan a algunos pasos concretos que nos permitirán encontrar nuestros dones.[1]

Ábrase a Dios como un instrumento para su uso.

Dios llega a nosotros a través de su voluntad revelada en las Escrituras y por medio del Espíritu Santo que obra en nuestras vidas. Estudie los dones del Espíritu Santo y pídale a

---

1. Algunos de esos puntos aparecen en mi libro anterior sobre dones espirituales. *Gift of Spirit* (Dones del espíritu) Nashville, Abingdon Press, pp.108-116.

Dios que le ayude a comprender su voluntad para usted. Dios está menos interesado en nuestra inteligencia y en nuestros talentos que en nuestra voluntad y obediencia. Él no busca nuestra capacidad, sino nuestra disponibilidad. Nuestra respuesta adecuada a Dios es orar: «Señor, no pido que se haga mi voluntad sino que se haga la tuya en mí y a través de mí. Me entrego a ti como tu instrumento voluntario para que lo uses como te plazca. Muéstrame qué dones tienes para mí y enséñame a responder a tu obra en mi vida».

Examine sus deseos de servicio y ministerio.

Siempre, Dios obra dentro de nosotros para que seamos plenamente lo que él nos creó para ser. Su plan para nosotros no es reducir nuestro gozo, nuestra creatividad o nuestra satisfacción. En cambio, él quiere llevarnos a niveles cada vez más grandes de consumación personal. Algunas personas tienen la noción errónea de que Dios quiere que neguemos todos nuestros sueños y esperanzas. El rey David tenía la perspectiva correcta. Él escribió: «Deléitate en el Señor, y él te concederá los deseos de tu corazón».[2] Tómese en serio sus visiones, esperanzas y ambiciones. Es probable que el Espíritu Santo le esté dando imágenes mentales de su voluntad para su vida. Los sueños santificados son buenos, cuando los satisfacemos a la manera de Dios.

---

2. Salmo 37:4

Identifique las necesidades más acuciantes que ve en la iglesia y en el mundo.

Preste atención a sus preocupaciones respecto del mundo que lo rodea. Sus dones espirituales le permiten ver con mayor claridad las necesidades que Dios puede querer que satisfaga. Una consideración fuerte por las personas no salvas, por ejemplo, puede significar que Dios le ha dado el don del evangelismo. Un interés persistente en las personas que sufren, que tienen hambre y que están desvalidas puede significar que usted tenga el don de las ayudas. Piense acerca de sus preocupaciones. Su don espiritual sensibiliza su conciencia de las necesidades, en el área de sus dones.

Obedezca plenamente todo lo que comprenda de la voluntad de Dios.

Jesús dijo: «¿Quién es el que me ama? El que hace suyos mis mandamientos y los obedece. Y al que me ama, mi Padre lo amará, y yo también lo amaré y me manifestaré a él».[3] La obediencia a la luz que tenemos siempre conduce a una luz mayor que aun no tenemos. Suponga que alguien con un don de evangelismo no descubierto se toma en serio la enunciación de Jesús: «Pero cuando venga el Espíritu Santo sobre ustedes, recibirán poder y serán mis testigos tanto en Jerusalén como en toda Judea y Samaria, y hasta los confines de la tierra».[4] En el acto de testigo obediente, esa persona puede descubrir su don de evangelismo. Si respondemos a la invitación de Cristo a orar, podemos encontrar que Dios nos ha dado el don de la

---
3. Juan 14:21
4. Hechos 1:8

fe. Solo obedeciendo el mandamiento de volvernos dadores liberales y alegres, podemos descubrir que tenemos el don de dar. Si demostramos ser fieles un poco, Dios incrementará nuestras oportunidades y recompensas. Una forma segura de conocer más claramente a Cristo consiste en seguirlo más de cerca.

Evalúe las respuestas de otros cristianos.

Todos los tratamientos del Nuevo Testamento sobre los dones espirituales se dan dentro de la comunidad cristiana. El apóstol Pablo dijo: «Porque ninguno de nosotros vive para sí mismo ni tampoco muere para sí».[5] Dios no tiene la intención para con nosotros de que existamos como ermitaños solitarios. La comunión con otros cristianos puede tanto confirmarnos en nuestros dones espirituales como ayudarnos a ver cuáles *no* lo son.

Una vez en un estado de occidente, escuche a un hombre que dijo: «Tengo el don de la profecía, pero nadie en la congregación jamás ha tenido la capacidad de escucharme». Si los demás nunca le responden favorablemente en un área de ministerio, puede que no tenga un don espiritual para esa obra. Por otro lado, las respuestas positivas de los demás pueden ayudar a confirmar sus dones espirituales. Dios tiene la intención de que nosotros nos afirmemos unos a otros en los dones que él nos ha dado. Tenga por seguro que Dios tiene más interés en nosotros que el que nosotros tenemos en él.

---

5. Romanos 14:7

Las cinco sugerencias enumeradas anteriormente proporcionan un plan de acción práctico para descubrir sus dones espirituales. *Abrir, analizar, identificar, obedecer y evaluar.* Estas pautas pueden ayudar a todos los serios buscadores a encontrar los dones que Dios tiene para ellos.

2. Un inventario para descubrir sus dones espirituales

El propósito del siguiente inventario de dones espirituales es el de ayudarlo a descubrir los *charismata* que Dios le dio. Usted evaluará con mayor precisión sus dones, cuando responda de acuerdo con sus intereses, experiencias y deseos espirituales, cómo piensa que los demás lo ven. Evite marcar las enunciaciones únicamente sobre la base de lo que piense que debería señalar o de cómo otra persona podría reaccionar a sus respuestas. Tampoco responda positivamente solo porque cree que la frase describe «algo bueno para la iglesia» o «un ministerio que necesita que se haga». Es importante que marque las enunciaciones según cómo se aplican a *usted.*

Es crucial que conozca cuáles *son* sus dones espirituales y cuáles, *no.* Hemos visto que los cristianos no tienen los mismos dones. Evidentemente, Dios no nos ha dado a todos ministerios idénticos. Conocer cuáles *no son* nuestros dones nos evita adoptar vocaciones o ministerios que no son adecuados para nosotros; conocer cuáles *son* nuestros dones nos conduce a vocaciones o ministerios que Dios tiene pensado para nosotros.

Algunas personas ingresan el número más alto cuando creen que la frase los describe, y colocan un cero para la mayor parte de lo demás. Con ellos, es todo o nada. Sin embargo, otras vacilan, cautelosamente, entre los dos extremos. Dios nos hizo con diferentes personalidades y emociones. No hay una respuesta «correcta» o «incorrecta». Simplemente, sea tan sincero como pueda.

A continuación encontrará cien enunciaciones que lo ayudarán a descubrir sus dones espirituales. Algunas oraciones lo describirán con precisión y otras no encajarán para nada con usted. Por favor, responda numéricamente a todas las siguientes frases. Ingrese para cada una un puntaje de 0 a 3.

0 significa «negativo o irrelevante». «Esto no me describe para nada» «¡Nunca sentí ni hice eso!» «Simplemente no encaja conmigo».

1 significa «Tal vez» «Quizás» «No estoy preparado para descartarlo, pero no estoy seguro de que se aplique a mí».

2 significa «Bastante seguro». «Creo que esta frase me describe bastante bien. Sin embargo, necesito un poco de tiempo para estar seguro de que realmente se aplique a mí».

3 significa «¡Ese soy yo!». «¡Justo en el blanco!». «Estoy seguro de eso». «Otras personas han confirmado esto acerca de mí».

Cuando haya marcado sus respuestas a las enunciaciones, sume los números en las filas horizontales. Por ejemplo, sume los números que ha colocado al lado de 1, 21, 41, 61 y 81. Registre todos sus puntajes en la columna que dice **Total**. El puntaje total menor para cada don espiritual es 0, y el puntaje total más alto es 15.

Luego de terminar con el inventario, copie sus puntajes en el cuadro de la página 122, cuyo título es «Mis dones espirituales». Sus cifras más altas apuntan a los dones espirituales que Dios probablemente le haya dado.

Podría ser que tuviera uno, dos o tres dones. Tal vez, más. Todo cristiano tiene, por lo menos, uno (pero ningún cristiano tiene todos los dones del Espíritu Santo). Puede sorprenderse por el resultado; o el inventario puede confirmar lo que usted ya cree o sospecha acerca de sí mismo. Tiene motivos para agradecerle a Dios por haberlo dotado de capacidades maravillosas, que puedan dar forma a lo que hace con el resto de su vida.

LOS DONES DEL ESPÍRITU SANTO EN EL NUEVO TESTAMENTO

Un inventario de dones espirituales

(A la izquierda de cada frase, ingrese 0, 1, 2, ó 3)

1. ____ Tengo un fuerte deseo de establecer una nueva comunidad cristiana donde esta no existe. Creo que podría adaptarme a una cultura extraña y hablar con la gente sobre Jesús.

2. ____ Me gusta contarle a los demás sobre la palabra de Dios y de cómo puede hablarles en sus vidas cotidianas.

3. ____ Me preocupan profundamente las personas perdidas y puedo compartir con valentía el amor de Dios con ellos e invitarlos a entregar sus vidas a Jesucristo.

4. ____ Es algo tan natural para mí ayudar a guiar a los demás en su vida cristiana como lo es para un entrenador formar a los miembros de un equipo.

5. ____ Puedo entender la verdad cristiana que Dios me muestra y siento un impulso por enseñársela a los demás.

6. ____ Mi mayor satisfacción es servir a las necesidades de los demás. Preferiría permanecer en el fondo a estar en el frente y en el centro.

7. ____ Quiero alentar a los demás a seguir un consejo sólido y a convertirse en lo que Dios quiere que sean.

8. ___ Preferiría dar un regalo que recibirlo y siento mucho gozo al compartir con los demás.

9. ___ Me da satisfacción liderar a un grupo en un proyecto que beneficiará a otras personas.

10. ___ Siento empatía por la gente que sufre y que tiene problemas, y Dios me ayuda a consolarlos.

11. ___ Dios, con frecuencia, me mueve a orar por los enfermos, y creo que él puede sanar cualquier dolor humano.

12. ___ Ha habido momentos en los que oré por algo que parecía no tener solución, y Dios ha obrado milagrosamente.

13. ___ Más de una vez, he hablado en lenguas.

14. ___ Cuando los demás hablan en lenguas, a veces comprendo el significado de lo que dicen.

15. ___ En ocasiones Dios me usa para sugerir un curso de acción sensato, cuando los demás parecen estar confundidos acerca de qué hacer.

16. ___ A veces, me he dado cuenta de algo bueno que Dios está haciendo en la vida de alguien, como por ejemplo sanarlo, salvarlo o bendecirlo.

17. ___ En respuesta a mis oraciones de fe, Dios ha obrado maravillosamente, aun cuando las circunstancias parecían insuperables.

18. ___ He advertido falsas enseñanzas en sermones o libros, aun cuando mis amigos pensaron que no había nada malo en ellas.

19. ___ Me preocupa en especial ayudar a los débiles y a los necesitados, y disfruto al servirlos.

20. ___ Es natural para mí liderar a los demás porque soy capaz de pensar acerca de posibilidades futuras y busco la guía de Dios para el grupo.

21. ___ Ansío con intensidad ver que grupos de personas que no saben nada de Cristo lleguen a conocerlo.

22. ___ Incluso si nunca predico un sermón, tengo un impulso interior de contarles a los demás acerca del plan maravilloso que Dios tiene para ellos y de cómo se aflige cuando nos alejamos de él.

23. ___ Es más fácil para mí que para muchos de mis amigos hablar con la gente sobre encomendar sus vidas a Jesucristo como su Salvador.

24. ___ Me interesa el bienestar espiritual y la solidez doctrinaria de los demás, y creo que tengo la responsabilidad de ayudarlos a convertirse en mejores discípulos.

25. ___ Tengo un impulso interno para comprender la Biblia y para encontrar oportunidades de explicar sus verdades a los demás.

26. ___ Pienso que mi ministerio consiste en servir a los que ministran a través de sus enseñanzas, prédicas y liderazgo.

27. ___ Disfruto al escribir notas de aliento y a ayudar a construir confianza en las personas para inspirarlas a ser y hacer lo mejor que puedan.

28. ___ Con bastante frecuencia Dios me guía para dar dinero a una necesidad específica o a una causa en particular.

29. ___ Cuando un proyecto es desafiante, puedo organizar a un equipo para lograr que se haga el trabajo.

30. ___ Siento compasión por las personas en desgracia, aflicción y angustia, aun si los demás dicen que no merecen nuestra compasión.

31. ___ Quiero que Dios cure a las personas enfermas y creo que él quiere usarme como un instrumento de su sanidad.

32. ___ Creo que Dios obra milagros actualmente. He visto más de uno y creo que Dios quiere darnos bendiciones increíbles.

33. ___ Hablar en lenguas me ayuda a acercarme a Dios.

34. ___ Cuando interpreto a alguien que habla en lenguas, quiero que haya inconversos presentes para que puedan oír la interpretación.

35. ___ Creo que Dios, a veces, me ayuda a comprender de qué modo la Biblia habla sobre temas confusos y controvertidos.

36. ___ Una y otra vez sorprendo a alguien, contándole algo sobre él mismo que nunca me ha dicho. A veces, solo lo sé.

37. ___ Creo que Dios ha prometido hacer obras maravillosas, especialmente, cuando más lo necesitamos.

38. ___ Me siento muy molesto cuando las personas que afirman tener autoridad divina enseñan o predican ideas contrarias a las Escrituras.

39. ___ Advierto rápidamente las necesidades prácticas de los demás y no necesito obtener el mérito por el servicio humilde que puedo darles.

40. ___ Tengo habilidad para la organización, y puedo liderar a las personas para que trabajen juntas y ayudarlas a acordar sobre metas comunes y a cooperar para lograrlas.

41. ___ Creo que Dios podría querer que me acercara a personas de una cultura diferente para contarles sobre la salvación. No me importaría si fuera aquí o en algún lugar lejano del mundo.

42. ___ No le tengo miedo a tomar una postura firme por la verdad de Dios y aplicarla al presente.

43. ___ Estoy dispuesto a hablar abiertamente sobre mi fe en Cristo y me gustaría liderar a otros a confiar en él como su Salvador.

44. ___ Puedo ser paciente con los que avanzan lentamente en sus vidas cristianas. Aun cuando no quieran mi ayuda, estoy dispuesto a estar allí para ellos.

45. ___ Creo que es importante probar todas las enseñanzas religiosas por las Escrituras y me molesta oír a alguien distorsionar el mensaje cristiano.

46. ___ Tengo una mayor preocupación por las necesidades de los demás que por las mías.

47. ___ Soy conocido como una persona que alienta y que ayuda a las personas sinceras a estar en el camino correcto y a permanecer en él. Podría decirse que soy un «porrista» espiritual.

48. ___ Parecería que casi todo el tiempo doy dinero a la obra de Dios o a personas que lo necesitan. Dios me marca el camino para tener dinero extra, así puedo dar aun más.

49. ___ Puedo ver el panorama general mejor que muchos otros y dirigir un proyecto grupal. No alardeo acerca de ello, pero creo que Dios me creó para ser un líder.

50. ___ Tengo un deseo fuerte de expresar amor y cariño a las personas desvalidas que están atribuladas y con estrés.

51. ___ Más de una vez, cuando oré por personas enfermas, Dios los sanó.

52. ___ A veces, he orado y Dios ha obrado resultados humanamente imposibles.

53. ___ He orado en lenguas, y nadie me presionó para hacerlo ni me «enseñó» a hacerlo.

54. ___ Cuando oigo a otros hablar en lenguas, a veces pienso que no le están orando a Dios.

55. ___ Con frecuencia, el grupo acude a mí por consejo sobre un curso de acción adecuado.

56. ___ Más de una vez he hablado con alguien, y Dios me ha ayudado a ver cuál era su verdadero problema. A veces, la persona no lo sabía hasta que yo la ayudé a verlo.

57. ___ Es natural para mí orar por milagros en las vidas de las personas. Cuando he orado y le pedí a Dios que obre de maneras poderosas, él, a veces, lo ha hecho.

58. ___ Dios me ha ayudado a detectar falsas enseñanzas; así pude advertir a mis amigos y hacer que sigan el camino correcto.

59. ___ Sin que nadie me lo pida, con frecuencia me siento conducido a ayudar a personas abatidas que otros ignoran.

60. ___ Como líder, puedo ver los problemas del grupo y tomar la responsabilidad de ayudar a las personas a superarlos. La gente confía en mí y acepta mi liderazgo.

61. ___ Tengo dones espirituales que me permitirían hacer obras misioneras pioneras entre aquellos que nunca han oído hablar de Jesucristo.

62. ___ Como una parte de atestiguar la palabra maravillosa de Dios, creo que Dios me usa para oponerme a las mentiras religiosas y a ser paladín de la verdad cristiana.

63. ___ Tengo una profunda preocupación por ver a las personas perdidas acercarse a Jesucristo y me siento cómodo hablando con ellas sobre su necesidad de convertirse en cristianos.

64. ___ Para mí es importante mantener confidencias y conocer las fortalezas y debilidades de mis amigos cristianos, de modo de poder alentarlos a lo largo del camino.

65. ___ Especialmente, disfruto de oír y leer enseñanzas basadas en la Biblia y de pensar sobre los asuntos de «qué» y «por qué».

66. ___ A veces, veo maneras de realizar obras de servicio práctico, incluso cuando los demás no hacen nada acerca de esas necesidades u oportunidades.

67. ___ Soy capaz de inspirar a los demás a que sigan un buen consejo y comiencen a hacer la voluntad de Dios. Cuando se sienten desanimados y desalentados, con frecuencia puedo levantarles el ánimo y hacer que anden con un gozo renovado.

68. ___ Son muy sensible a las necesidades materiales de los demás y quiero ayudar a satisfacerlas con lo que Dios me ha dado.

69. ___ Preferiría manejar un proyecto de trabajo para arreglar una casa, para una familia sin techo que dar una clase o predicar un sermón.

70. ___ Las personas en desgracia no me rechazan. En cambio, cuando me encuentro con ellas, me siento ansioso por hallar formas de ayudarlas.

71. ___ Me preocupan los que sufren dolor físico, mental o emocional, y dentro de los últimos meses, Dios me ha pedido que ore por un amigo o un pariente enfermos.

72. ___ Creo que Dios, a veces, realiza maravillas cuando pensamos que ya no hay esperanzas. He visto al Señor obrar milagrosamente por el beneficio de las personas.

73. ___ He orado en lenguas y ¡ojalá hubiera sabido qué estaba orando!

74. ___ Cuando oigo a la gente hablar en lenguas, con frecuencia puedo decir si sus oraciones son o no genuinas.

75. ___ Más de una vez, cuando el grupo se ocupó de un problema, el Señor me ha ayudado a ofrecer un buen consejo que relajó las tensiones y abrió el curso de acción correcto.

76. ___ A veces, sin que nadie me lo diga, Dios me ha permitido conocer algo que estaba sucediendo en la vida de alguien.

77. ___ Cuando una circunstancia parece imposible, es fácil para mí creer que Dios responderá a nuestras oraciones si es que oramos en forma altruista y con fe en que él tiene el poder para actuar.

78. ___ Rapidamente advierto si los disertantes públicos malinterpretan o aplican mal las Escrituras.

79. ___ Puedo ver maneras de ayudar a los pobres y a los desvalidos, y hallo gozo en hacerlos sentirse amados y aceptados.

80. ___ Las personas dicen que soy un líder, y disfruto de atender los detalles que ayuden a que el grupo trabaje bien.

81. ___ Me gustaría conocer otra cultura o, por lo menos, aprender otro idioma para poder llevar las buenas nuevas de Dios a los que son hostiles al cristianismo.

82. ___ Puesto que la Biblia condena el vicio y la hipocresía, me siento impulsado a tomar una postura contra esos males de nuestra sociedad.

83. ___ Si tuviera la opción, preferiría dedicar tiempo a ayudar a alguien a confiar en Cristo por primera vez que ocuparme de otro tipo de ministerios.

84. ___ Me siento responsable de ayudar a mis amigos a que vayan por el camino correcto, incluso, si debo corregirlos cuando se descarrían.

85. ___ No estoy satisfecho con las explicaciones poco comprensibles de la verdad de Dios. Quiero entenderla y compartirla con otras personas de la manera más clara posible.

86. ___ Estoy dispuesto a actuar para satisfacer las necesidades físicas y prácticas de los demás, en lugar de solo hablar de ellas.

87. ___ Otras personas confían en mí porque perciben mi preocupación y mi capacidad de dar un consejo sólido y práctico.

88. ___ Veo problemas que el hecho de dar generosamente puede resolver y siento que soy responsable de usar los recursos que Dios me ha dado para ayudar a los demás.

89. ___ No me molesta reclutar a personas para que se unan a un proyecto valioso que estoy liderando.

90. ___ Soy cuidadoso evitando palabras y actos que podrían causar bochorno o dolor a los demás.

91. ___ Cuando veo a un niño enfermo o herido en la televisión, oro porque Dios los sane.

92. ___ Creo que si tuviéramos una fe fuerte en Dios, él obraría milagrosamente en el mundo actual.

93. ___ Orar en lenguas es importante en mi vida.

94. ___ Si bien no hablo en lenguas, a veces puedo comprender lo que alguien quiso decir cuando lo hizo.

95. ___ Los demás dicen que Dios me ha utilizado para dar buenos consejos sobre asuntos complicados y opciones difíciles.

96. ___ Cada tanto, Dios me ha hecho conciente de lo que él está haciendo en las vidas de los demás.

97. ___ Incluso, si la gente vacila en la fe, soy capaz de confiar en las obras providenciales de Dios y esperar que él responda a nuestras oraciones a su propio modo y en su propio momento.

98. ___ Soy capaz de percibir cuándo los líderes religiosos confían más en ellos que en el Espíritu Santo y cuándo un disertante está dedicado genuinamente a Dios.

99. ___ Una de mis mayores satisfacciones es servir a personas necesitadas que tienen poco que dar a cambio, incluso, si no parecen agradecidas.

100. ___ Disfruto al reunir a los demás como un equipo eficiente. Me gusta ver a los miembros contribuir con sus capacidades especiales y trabajar en armonía unos con los otros.

Hoja de resumen del inventario de dones espirituales

1. ___	21. ___	41. ___	61. ___	81. ___
2. ___	22. ___	42. ___	62. ___	82. ___
3. ___	23. ___	43. ___	63. ___	83. ___
4. ___	24. ___	44. ___	64. ___	84. ___
5. ___	25. ___	45. ___	65. ___	85. ___
6. ___	26. ___	46. ___	66. ___	86. ___
7. ___	27. ___	47. ___	67. ___	87. ___
8. ___	28. ___	48. ___	68. ___	88. ___
9. ___	29. ___	49. ___	69. ___	89. ___
10. ___	30. ___	50. ___	70. ___	90. ___
11. ___	31. ___	51. ___	71. ___	91. ___
12. ___	32. ___	52. ___	72. ___	92. ___
13. ___	33. ___	53. ___	73. ___	93. ___
14. ___	34. ___	54. ___	74. ___	94. ___
15. ___	35. ___	55. ___	75. ___	95. ___
16. ___	36. ___	56. ___	76. ___	96. ___
17. ___	37. ___	57. ___	77. ___	97. ___
18. ___	38. ___	58. ___	78. ___	98. ___
19. ___	39. ___	59. ___	79. ___	99. ___
20. ___	40. ___	60. ___	80. ___	100. ___

Cómo identificar mis dones espirituales

(Coloque sus totales a la izquierda de cada don espiritual)

Apostolado _____
Profecía _____
Evangelismo _____
Pastoreo _____
Enseñanza _____
Servir _____
Exhortación _____
Dar _____
Prestar ayuda _____
Compasión _____
Sanidad _____
Obrar milagros _____
Lenguas _____
Interpretación de lenguas _____
Palabra de sabiduría _____
Palabra de conocimiento _____
Fe _____
Discernimiento _____
Ayuda _____
Administración _____

Enumere los primeros dos, tres o cuatro dones espirituales

Dones: Puntos totales:

_____   _____

_____   _____

_____   _____

_____   _____

_____

Luego de haber descubierto su(s) don(es) espiritual(es), querrá desarrollarlos y desplegarlos. Al usar nuestros dones para servir a Dios y a los demás, daremos frutos que perdurarán. Jesús dijo: «En esto es glorificado mi Padre, en que llevéis mucho fruto ... Estas cosas os he hablado, para que mi gozo esté en vosotros, y vuestro gozo sea cumplido».[6] Sin Dios y las obras poderosas que él realiza en nosotros y a través de nosotros, nuestras vidas son deficientes. Con él, estamos en camino de convertirnos en todo lo que Dios quiso que fuéramos cuando por primera vez sopló su aliento de vida en nosotros.

---

6. Juan 15:8, 11 – RVR 1960

www.ingramcontent.com/pod-product-compliance
Lightning Source LLC
Chambersburg PA
CBHW021846220426
43663CB00005B/428